大学入試 ランク順
RANK

聴いて覚える
英文法

JN048609

ランク順 "聴いて覚える" の特長

「英文法」の習得には, 繰り返しトレーニングすることが重要です。日々の勉強や部活で忙しいみなさんでも毎日のトレーニングを続けられるように, 入試によく出る項目を集めた参考書に, **聴いて覚えるという勉強法**を掛け合わせたのが本書『ランク順 "聴いて覚える"』です。習熟度や学習スタイルに合わせた, 効率のよい受験勉強をサポートします。

STYLE 1

「日本語→英語→英文の解説」の音声では, **英文法の基本が聴くだけで学べます。**
スキマ時間におすすめ!

STYLE 2

基本が身についたら「英語」の音声でリスニングトレーニング。**日本語を介さずに理解できることを目指しましょう!**

STYLE 3

仕上げは「日本語→英語」の音声でスピーキングトレーニング。**日本語を聞いて, 英語で言う練習**をしてみましょう。

本書には「英語」「日本語→英語」「日本語→英語→英文の解説」の３種類の音声がついています。音声は次のいずれかの方法で聞くことができます。

スマートフォンで聞く場合

音声再生アプリ 「my-oto-mo」で聞く

上記二次元コードから，アプリ「my-oto-mo」をダウンロードしてください。アプリ内で本書の表紙をタップいただくと，パスワード入力画面が出てきますので，下記パスワードを入力します。その後，アプリ内で音声のダウンロードが終了すると，聞くことができます。

● パスワード：**kikurank**

「Gakken Book Contents Library」で聞く

上記の二次元コードから，「Gakken Book Contents Library」にアクセスいただき，Gakken ID でログインしてください（お持ちでない方は，新規登録をお願いします）。ログイン後，「コンテンツ追加＋」ボタンから下記 ID とパスワードをご入力ください。書籍の登録が完了すると，マイページに音声一覧が表示されますので，そこから再生いただくことができます。

● ID：**gu5rw**
● パスワード：**hpwrdhu6**

PCで聞く場合

https://gbc-library.gakken.jp/

上記 URL から，「Gakken Book Contents Library」にアクセスいただき，Gakken ID でログインしてください（お持ちでない方は，新規登録をお願いします）。ログイン後，「コンテンツ追加＋」ボタンから下記 ID とパスワードをご入力ください。書籍の登録が完了すると，マイページに音声一覧が表示されますので，そこから再生いただくことができます。

● ID：**gu5rw**
● パスワード：**hpwrdhu6**
※ URL にアクセス後の流れは，スマートフォンで聞く場合と同様です。

書籍の特長

INPUT

OUTPUT

聴いて覚えたら
四択問題でOUTPUT！

音声を聴いて，英文法の「型」や「表現」をインプットしたあとに，書籍の四択問題を解くアウトプットトレーニングをして，記憶を定着させましょう。ここでは誌面の特長を紹介します。

**問題は入試に出る
「ランク順」に掲載！**

問題は，入試最頻出のものから「ランク順」に掲載しているので，入試で最もよく問われるポイントから効率よく学ぶことができます。
「英語」の音声は正解が入った完成英文を読み上げています。

**「Words&Phrases」
で語彙力もアップ！**

ここでは，問題文に出てくる重要語句を掲載しています。語彙力アップに役立ててください。

RANK **A** 最頻出の英文法・語法

動詞の語法 ①

001 Good drivers are fully aware of other drivers on the road and do not
(　　) them brake or stop suddenly. （関西学院大）
① make ② urge ③ get ④ cause

002 (　　) made you leave the company so suddenly? （摂南大）
① How ② What ③ Why ④ When

003 John really wanted a dog, but his parents wouldn't (　　) him have
one. （津田塾大）
① allow ② get ③ let ④ make

004 (　　) us know when Jane and her sister are coming. （実践女子大）
① Cause ② Get ③ Let ④ Make

005 Having students (　　) what the result of an experiment will be is
important, because it can help them understand its procedure much
better. （日本大）
① predict ② been predicting
③ predicted ④ to predict

Words & Phrases
☑ **001** be aware of ~ (~に気づいている) brake (ブレーキをかける)
☑ **002** leave ((会社など)を辞める)
☑ **005** experiment (実験) procedure (手順)

8

👑 ランク順だからタイパ最強

書籍には過去問分析を基に，入試に出題される可能性の高い問題をまとめました。すべての問題には，入試における出題頻度を示す「金」「銀」「銅」のランクを明示しています。掲載順に問題を解くことで，入試で最もよく問われるポイントから順に，効率よく学習することができます。

最頻出

頻出

差がつく

📖 使役動詞の語法①

〈make＋O＋動詞の原形〉は「Oに（無理やり）〜させる」という意味を表す。urge は「〜するよう促す［説得する］」，get「〜させる，〜してもらう」，cause「〜させる，〜の原因となる」の後には〈O＋不定詞〉が続く。（答 ①）

駅 よいドライバーはほかの路上のドライバーを十分に意識していて，彼らに急ブレーキをかけさせたり急停車させたりしない。

📖 使役動詞の語法②

〈make＋O＋動詞の原形〉は，「人」以外が主語の場合，「Oに〜させる，Oが〜する原因となる」という意味を表す。〈What made＋O＋動詞の原形?〉は「何がOに〜させたのか」→「なぜOは〜したのか」という意味を表す。（答 ②）

駅 あなたはなぜそんなに突然会社を辞めたのですか。

📖 使役動詞の語法③

〈let＋O＋動詞の原形〉は「Oに（やりたいこと）をさせる，Oが〜するのを許す」という意味を表す。allow も「許可」を表すが，後には〈O＋不定詞〉が続く。（答 ③）

駅 ジョンは本当に犬が欲しかったのだが，両親はどうしても許さなかった。

📖 使役動詞の語法④

〈let us [me]＋動詞の原形〉を命令文で使うと，「私たち［私］に〜させてください」という意味を表す。cause と get の後には〈O＋不定詞〉が続く。make は強制の意味を含むので，ここでは不適切。（答 ③）

駅 ジェーンと彼女の妹がいつ来るのか，教えてください。

📖 使役動詞の語法⑤

〈have＋O＋動詞の原形〉は「O（しかるべき人）に〜させる［してもらう］」という意味を表す。この形は，筆者・専門職・目下の者など，そうするのが当然の人に「〜させる，〜してもらう」場合に用いる。（答 ①）

駅 学生に実験結果がどうなるかを予測できることが大切だ，なぜならそれは彼らが実験手順をずっとよく理解するのに役立ち得るから。

まとめてCheck!　使役動詞「(人)に〜させる」

make	（無理やり）〜させる
let	（許可を与えて）〜させる，〜するのを許す
have	（当然すべきことを指示して）〜させる，〜してもらう

9

入試に出るポイントをコンパクトに解説！

解説では，問題で問われている英文法・語法のポイントを簡潔に説明しています。
「解説」の音声では，この部分の解説をアレンジして，聴くだけで要点がわかるように編集しています。

「まとめてCheck!」で知識を整理！

ここでは，解説で確認した出題ポイントの関連事項などを紹介しています。英文法・語法の知識の整理に役立てましょう。

RANK

最頻出の英文法・語法

RANK A に掲載されているのは、入試で最も出題されている英文法・語法です。この 4 項目で、入試の英文法問題の約 **40%** を占めます。特に動詞の語法は、準動詞（不定詞・動名詞・分詞）や前置詞など、他の文法項目との関連で問われることも多いので、しっかりと確認しておきましょう。

動詞の語法 ①

☑ 001
Good drivers are fully aware of other drivers on the road and do not ( ) them brake or stop suddenly. （関西学院大）
① make ② urge ③ get ④ cause

☑ 002
( ) made you leave the company so suddenly? （摂南大）
① How ② What ③ Why ④ When

☑ 003
John really wanted a dog, but his parents wouldn't ( ) him have one. （津田塾大）
① allow ② get ③ let ④ make

☑ 004
( ) us know when Jane and her sister are coming. （実践女子大）
① Cause ② Get ③ Let ④ Make

☑ 005
Having students ( ) what the result of an experiment will be is important, because it can help them understand its procedure much better. （日本大）
① predict ② been predicting
③ predicted ④ to predict

Words & Phrases

☑ 001	**be aware of ～**（～に気づいている） **brake**（ブレーキをかける）
☑ 002	**leave**（（会社など）を辞める）
☑ 005	**experiment**（実験） **procedure**（手順）

📖 使役動詞の語法①

〈make + O +動詞の原形〉は「O に（無理やり）〜させる」という意味を表す。urge「〜するよう促す［説得する］」、get「〜させる、〜してもらう」、cause「〜させる、〜の原因となる」の後には〈O +不定詞〉が続く。（答 ①）

📝 よいドライバーはほかの路上のドライバーを十分に意識していて、彼らに急ブレーキをかけさせたり急停車させたりしない。

📖 使役動詞の語法②

〈make + O +動詞の原形〉は、「人」以外が主語の場合、「O に〜させる、O が〜する原因となる」という意味を表す。〈What made + O +動詞の原形?〉は「何が O に〜させたのか」→「なぜ O は〜したのか」という意味を表す。（答 ②）

📝 あなたはなぜそんなに突然会社を辞めたのですか。

📖 使役動詞の語法③

〈let + O +動詞の原形〉は「O に（やりたいこと）をさせる、O が〜するのを許す」という意味を表す。allow も「許可」を表すが、後には〈O +不定詞〉が続く。（答 ③）

📝 ジョンは本当に犬が欲しかったのだが、両親はどうしても許さなかった。

📖 使役動詞の語法④

〈let us [me] +動詞の原形〉を命令文で使うと、「私たち［私］に〜させてください」という意味を表す。cause と get の後には〈O +不定詞〉が続く。make は強制の意味を含むので、ここでは不適切。（答 ③）

📝 ジェーンと彼女の妹がいつ来るのか、教えてください。

📖 使役動詞の語法⑤

〈have + O +動詞の原形〉は「O（しかるべき人）に〜させる［してもらう］」という意味を表す。この形は、業者・専門職・目下の者など、そうするのが当然の人に「〜させる、〜してもらう」場合に用いる。（答 ①）

📝 学生に実験結果がどうなるかを予測させることが大切だ、なぜならそれは彼らが実験手順をずっとよく理解するのに役立ち得るから。

まとめてCheck!	使役動詞「（人）に〜させる」
make	（無理やり）〜させる
let	（許可を与えて）〜させる、〜するのを許す
have	（当然すべきことを指示して）〜させる、〜してもらう

動詞の語法 ②

006 ☑ ☐
I think I need to (　　) my hair cut soon. It's getting really long.
(学習院大)

① do ② have ③ let ④ make

007 ☑ ☐
Susan had her wallet (　　) while she was shopping at a local big-box store.
(北里大・改)

① steal ② steals ③ stolen ④ to stealing

008 ☑ ☐
I'm sorry I can't go with you tomorrow. I must (　　) all this work done by 3 p.m.
(東京経済大)

① cause ② take ③ force ④ have

009 ☑ ☐
If you worry about your health, you should stop (　　) junk food.
(会津大)

① eat ② eating ③ to eat ④ to eating

010 ☑ ☐
Imagine (　　) to a meeting where nobody else in the room speaks your language.
(東海大)

① going ② gone ③ goes ④ go

Words & Phrases

☑ 007 **local** (地元の) **big-box store** (大型小売店)
☑ 009 **junk food** (ジャンクフード)

🔲 使役動詞の語法⑥

〈have + O +過去分詞〉は「O を〜してもらう」という使役の意味を表す。〈動詞＋O ＋過去分詞〉の形で「O を〜してもらう」という意味を表すのは、選択肢の中では have だけ。（答 ②）

🈞 私はすぐに髪を切ってもらう必要があるように思う。ずいぶん伸びてきた。

🔲 使役動詞の語法⑦

〈have + O +過去分詞〉は「O を〜される」という被害の意味を表す。ここでは、目的語の「彼女のさいふ」とその後ろの動詞が「さいふが盗まれる」という受け身の関係になっている。（答 ③）

🈞 スーザンは地元の大規模小売店で買い物をしている間にさいふを盗まれた。

🔲 使役動詞の語法⑧

〈have + O +過去分詞〉は「O を〜してしまう」という完了の意味を表す。選択肢のうち、後に〈O ＋過去分詞〉が続くのは have だけ。have の代わりに get を使っても同様の意味になる。（答 ④）

🈞 申し訳ないけど、明日はいっしょに行けないんだ。午後 3 時までにこの仕事を全部終えなくてはいけなくて。

🔲 目的語に動名詞をとる動詞①

〈stop +動名詞〉は「〜するのをやめる」という意味を表す。〈stop +不定詞〉だと「〜するために立ち止まる」（不定詞は「〜するために」という「目的」を表す副詞的用法）という意味になる。（答 ②）

🈞 自分の健康が心配なら、ジャンクフードを食べるのをやめるべきです。

🔲 目的語に動名詞をとる動詞②

〈imagine +動名詞〉は「〜するのを想像する」という意味を表す。imagine は目的語に不定詞ではなく動名詞をとる。動詞の後に goes や go のように別の動詞をそのまま置くことはできない。（答 ①）

🈞 部屋の中にあなたと同じ言語を話す人がほかにひとりもいない会議に出席すると想像してごらんなさい。

まとめてCheck! 〈have+O+過去分詞〉の表す意味
① 使役「Oを〜してもらう」(→006)
② 被害「Oを〜される」(→007)
③ 完了「Oを〜してしまう」(→008)

動詞の語法 ③

☑ 011 ⌂

Would you mind (　　) the window for us?　　　　　　　　　　（多摩美術大）

① closing　　　　② to close　　　　③ having closed　④ closed

☑ 012 ⌂

There is a severe shortage of water in this city, so we must give up
(　　) a bath occasionally.　　　　　　　　　　　　　　　　（酪農学園大）

① to have　　　② having　　　　③ had　　　　　④ Have

☑ 013 ⌂

He admitted (　　) the necklace.　　　　　　　　　　　　　　（創価大）

① be stolen　　② stealing　　　③ to steal　　　④ being stolen

☑ 014 ⌂

The politician denied (　　) such a statement.　　　　　　　（畿央大）

① having made　② to make　　　③ of making　　④ to have made

☑ 015 ⌂

He tries to avoid (　　) his skin to the sun, following his doctor's
advice.　　　　　　　　　　　　　　　　　　　　　　　　　（中央大）

① expose　　　　② to expose　　　③ exposing　　④ being exposed

Words & Phrases

☑ 012	**severe** (深刻な)　**shortage** (不足)　**occasionally** (たまに)	
☑ 014	**politician** (政治家)　**statement** (発言)	
☑ 015	**skin** (肌)　**expose A to B** (AをBにさらす)	

目的語に動名詞をとる動詞③

〈**mind ＋動名詞**〉は「～するのをいやだと思う」という意味を表す。Would [Do] you mind *doing*? で「～していただけませんか」という依頼を表す文になる。直訳は「～するのはいやですか」なので、依頼に応じる場合は No で答える。（答 ①）

訳 私たちのために窓を閉めていただけませんか。

目的語に動名詞をとる動詞④

〈**give up ＋動名詞**〉は「～するのをあきらめる、やめる」という意味を表す。give up は目的語に不定詞ではなく動名詞をとる。have a bath「入浴する」はイギリス英語で、アメリカ英語では take a bath を使うことが多い。（答 ②）

訳 この市は深刻な水不足なので、私たちはたまに入浴するのをあきらめなくてはならない。

目的語に動名詞をとる動詞⑤

〈**admit ＋動名詞**〉は「（現在・過去に）～である［した］ことを（しぶしぶ）認める」という意味を表す。admit は目的語に不定詞ではなく動名詞をとる。（答 ②）

訳 彼はネックレスを盗んだことを認めた。

目的語に動名詞をとる動詞⑥

〈**deny ＋動名詞**〉は「（現在・過去に）～した［である］ことを否定する」という意味を表す。deny は目的語に不定詞ではなく動名詞をとる。過去のことを「否定する」という場合は、完了形の動名詞（having ＋過去分詞）を使うことが多い。（答 ①）

訳 その政治家はそのような発言をしたことを否定した。

目的語に動名詞をとる動詞⑦

〈**avoid ＋動名詞**〉は「～するのを避ける」という意味を表す。avoid は目的語に不定詞ではなく動名詞をとる。（答 ③）

訳 彼は医師のアドバイスに従って肌を日光にさらすのを避けるようにしている。

まとめてCheck!	目的語に動名詞をとる動詞 ①		
admit *doing*	（～するのを認める）	**discuss** *doing*	（～することを話し合う）
enjoy *doing*	（～するのを楽しむ）	**escape** *doing*	（～するのを免れる）
finish *doing*	（～し終える）	**miss** *doing*	（～しそこなう）
postpone *doing*	（～するのを延期する）	**put off** *doing*	（～するのを延期する）

動詞の語法 ④

016

One of my friends is considering (　　) in Chico, California next year.

（相模女子大）

① for studying　　② to study　　③ to have studied　　④ studying

017

Ken wanted to stay in the easy math class, but his teacher (　　) him to move up to the advanced class.

（東北医科薬科大）

① encouraged　　② let　　③ made　　④ progressed

018

My friend's strange behavior (　　) others to look down on him.

（中部大）

① makes　　② lets　　③ has　　④ causes

019

First, I want you (　　) a piece of paper and (　　) a short paragraph.

（宮崎大）

① to take out / be writing　　　② to take out / write
③ will take out / be writing　　④ will take out / write

020

I would like you to (　　) to him as soon as possible.

（北里大）

① this letter mailing　　　② mailing this letter
③ mail this letter　　　　④ mailed this letter

Words & Phrases

017	**move up to ～**（～に進級する）　**advanced**（上級の）	
018	**look down on ～**（～を見下す）	
019	**paragraph**（(文の)段落）	
020	**as soon as possible**（できるだけ早く）	

👑 目的語に動名詞をとる動詞⑧

〈consider +動名詞〉は「〜しようかとよく考える」という意味を表す。consider は目的語に不定詞ではなく動名詞をとる。consider「〜について考える」は他動詞なので、about などの前置詞なしで目的語を直接続ける。（答 ④）

訳 私の友人のひとりは来年カリフォルニア州チコに留学しようかと考えている。

👑 SVO to *do*の形をとる動詞①

〈encourage + O +不定詞〉は「O に〜するよう勧める［励ます］」という意味を表す。let と make は後に〈O +動詞の原形〉が続く。progress は自動詞として使われることが多い。（答 ①）

訳 ケンはやさしい数学のクラスにとどまっていたかったが、彼の先生は上級クラスに上がるよう彼を励ましました。

👑 SVO to *do*の形をとる動詞②

〈cause + O +不定詞〉は「O に〜させる、O が〜する原因となる」という意味を表す。make、let、have はいずれも使役動詞で「〜させる」という意味だが、後には〈O +動詞の原形〉が続く。（答 ④）

訳 私の友人は奇妙な行動のせいでほかの人から見下されている。

👑 SVO to *do*の形をとる動詞③

〈want + O +不定詞〉は「O に〜してほしい」という意味を表す。and の後には I want you to write が続くが、前半と重複する I want you to が省略されて動詞の原形 write が残る。（答 ②）

訳 まず、あなたには紙を 1 枚取り出して短文を書いてほしいのです。

👑 SVO to *do*の形をとる動詞④

〈would like + O +不定詞〉は「O に〜してもらいたい」という意味を表す。（答 ③）

訳 この手紙をできるだけ早く彼に郵送していただきたいのですが。

まとめてCheck!	目的語に動名詞をとる動詞 ②		
practice *doing*	（〜する練習をする）	**quit** *doing*	（〜するのをやめる）
recommend *doing*	（〜することを勧める）	**resist** *doing*	（〜することに抵抗する）
suggest *doing*	（〜することを提案する）		

動詞の語法 ⑤

☑ 021

Thanks to this scholarship, I could pursue my academic goals.
＝This scholarship (　　) me to pursue my academic goals. (亜細亜大学)

① allowed　　② wished　　③ made　　④ promised

☑ 022

We could see that our intentions had become clear during the meeting.
＝The meeting (　　) us to see that our intentions had become clear.

(中央大)

① enabled　　② made　　③ let　　④ had

☑ 023

He left his briefcase at home, so he asked (　　) it to his office.

(東海大)

① to bring his wife　　　　② his wife bring to
③ to his wife bring　　　　④ his wife to bring

☑ 024

Our country's imports (　　) to drop by 15 percent this year. (獨協大)

① will expect　　② are expected　　③ expect　　④ expected

☑ 025

I won't forget (　　) you here since it was such a miracle that we met.

(亜細亜大学)

① to see　　② sees　　③ seeing　　④ saw

Words & Phrases

☑ 021	**scholarship** (奨学金)　**pursue** (〜を追求する)　**academic** (学問上の)	
☑ 022	**intention** (意図)	
☑ 023	**briefcase** (書類かばん)	
☑ 025	**miracle** (奇跡)	

👑 SVO to *do*の形をとる動詞⑤

〈**allow + O +不定詞**〉は「O が～することを可能にする[許す]」という意味を表す。「この奨学金は私が～することを可能にした」→「この奨学金のおかげで私は～できた」という意味になる。(答 ①)

📘 この奨学金のおかげで私は学問上の目標を追求することができた。

👑 SVO to *do*の形をとる動詞⑥

〈**enable + O +不定詞**〉は「O が～するのを可能にする」という意味を表す。make、let、have はいずれも後に〈O +動詞の原形〉が続く。(答 ①)

📘 会議は私たちの意図が明確になったことを理解するのを可能にしてくれた。

👑 SVO to *do*の形をとる動詞⑦

〈**ask + O +不定詞**〉は「O に～するように頼む」という意味を表す。(答 ④)

📘 彼は書類かばんを家に置き忘れてきたので、妻にそれをオフィスまで持ってくるように頼んだ。

👑 SVO to *do*の形をとる動詞⑧

〈**expect + O +不定詞**〉は「O が～すると予想[期待]する」という意味を表す。ここでは、〈expect + O +不定詞〉の O を主語にした〈be expected +不定詞〉という受動態の形になっている。(答 ②)

📘 我が国の輸入は今年、15% 減少すると予想されている。

👑 目的語が動名詞か不定詞かで意味が異なる動詞①

「(過去に)～したことを忘れる」は〈**forget +動名詞**〉で表す。〈forget +不定詞〉だと「(するべきことを)するのを忘れる」という意味になる。(答 ③)

📘 私たちが出会ったのはすごい奇跡なので、私はここであなたに会ったことを忘れないでしょう。

まとめてCheck!	SVO+to *do*の形をとる動詞 ①
advise O to *do*	(Oに～するよう忠告する)
compel O to *do*	(Oに～するよう強制する)
force O to *do*	(Oに～するよう強制する)
order O to *do*	(Oに～するよう命令する)

動詞の語法 ⑥

026

Please ( ) all of your belongings with you when you get out of the taxi.　　　　　　　　　　　　　　　　　　　　　　　　　　　（東洋大）

① remind of taking　　　　　　　　② remember taking

③ remind for taking　　　　　　　　④ remember to take

027

Could you please put on headphones to listen to your music? I'm trying ( ) here.　　　　　　　　　　　　　　　　　　　　　　（慶應義塾大）

① concentrating　　　　　　　　　② concentration

③ to be concentrated　　　　　　　④ to concentrate

028

"The video projector doesn't seem to be working."

"Try ( ) the yellow button."　　　　　　　　　（聖マリアンナ医科大）

① pressed　　② press　　③ to press　　④ pressing

029

The boat needs ( ).　　　　　　　　　　　　　　　　　　（立命館大）

① being repaired　　　　　　　　　② repaired

③ to be repaired　　　　　　　　　④ to repair

030

The house needs ( ).　　　　　　　　　　　　　　　　　　（法政大）

① paints　　② painting　　③ to paint　　④ to be paint

Words & Phrases

☑ 026　**belongings**（所持品）　**get out of ~**（～から降りる）

☑ 028　**work**（(機械などが)動く、作動する)

目的語が動名詞か不定詞かで意味が異なる動詞②

「(これから) 〜するのを覚えている」は〈**remember ＋不定詞**〉で表す。〈remember ＋動名詞〉だと「(過去に) 〜したことを覚えている」という意味になる。(答 ④)

訳 タクシーから降りる時、忘れずに持ち物を全部持って行ってください。

目的語が動名詞か不定詞かで意味が異なる動詞③

「〜しようとする」は〈**try ＋不定詞**〉で表す。〈try ＋動名詞〉だと「試しに〜してみる」という意味になる。(答 ④)

訳 ヘッドフォンを着けて音楽を聴いていただけますか。私はここで気持ちを集中しようとしているものですから。

目的語が動名詞か不定詞かで意味が異なる動詞④

「試しに〜してみる」は〈**try ＋動名詞**〉で表す。〈try ＋不定詞〉だと「〜しようとする」という意味になる。(答 ④)

訳 「ビデオプロジェクターが動かないみたい」「黄色いボタンを押してみなよ」

目的語が動名詞か不定詞かで意味が異なる動詞⑤

「〜する必要がある」は〈**need ＋不定詞**〉で表す。ここでは不定詞 to repair の目的語である the boat が主語になっているので、受動態の不定詞 to be repaired となる。〈need ＋動名詞〉だと「〜される必要がある」という意味になる。(答 ③)

訳 そのボートは修理 (されること) が必要だ。

目的語が動名詞か不定詞かで意味が異なる動詞⑥

「〜される必要がある」は〈**need ＋動名詞**〉で表す。〈need ＋不定詞〉だと「〜する必要がある」という意味になる。(答 ②)

訳 その家はペンキを塗られる必要がある [その家はペンキを塗る必要がある]。

まとめてCheck!	**SVO＋to do の形をとる動詞** ② (→017-024)
permit O to do	(Oに〜することを許す)
persuade O to do	(Oに説得して〜させる)
tell O to do	(Oに〜するよう命じる)
warn O to do	(Oに〜するよう警告する)

動詞の語法 ⑦

031 ☐

I regret ( ) to the party yesterday. I wish I'd been there! （関西学院大）

① going   ② not going   ③ not to go   ④ to go

032 ☐

We ( ) about the problem till late at night but were unable to come to a conclusion. （甲南大）

① discussed   ② mentioned   ③ talked   ④ told

033 ☐

The teacher told the students ( ) noisy. （京都女子大）

① not being   ② not to be   ③ be not   ④ without

034 ☐

The document ( ) that the contract shall be automatically renewed annually. （摂南大）

① hears   ② writes   ③ sees   ④ says

035 ☐

She ( ) me out of selling the painting. （早稲田大）

① advised   ② talked   ③ urged   ④ warned

Words & Phrases

☐ 032	**be unable to *do*** (～することができない) **conclusion** (結論)
☐ 033	**noisy** (やかましい)
☐ 034	**document** (文書) **contract** (契約) **renew** (～を更新する) **annually** (毎年)

🏠 目的語が動名詞か不定詞かで意味が異なる動詞⑦

「〜したことを後悔する」は〈**regret ＋動名詞**〉で表す。ここでは「行かなかったことを後悔している」という意味を表しているので、動名詞の否定形 not going が続く。〈regret ＋不定詞〉だと「残念ながら〜する」という意味になる。(答 ②)

🈹 昨日、パーティーに行かなかったことが悔やまれる。行けばよかった！

🏠 say / tell / speak / talkの区別①

talk about 〜は「〜について話す」という意味を表す。discuss「〜について話し合う」、mention「〜に言及する」は他動詞。×discuss about 〜、×mention about 〜としないよう注意。tell は〈tell ＋人＋ about 〜〉という形をとる。(答 ③)

🈹 私たちは夜遅くまでその問題について話し合ったが、結論を出すことはできなかった。

🏠 say / tell / speak / talkの区別②

〈**tell ＋人＋不定詞**〉は「(人)に〜するように言う」という意味を表す。ここでは「生徒たちにうるさくしないように言った」という意味を表しているので、不定詞を否定形にした〈tell ＋人＋ not to *do*〉となる．(答 ②)

🈹 先生は生徒たちにうるさくしないように[静かにするように]言った。

🏠 say / tell / speak / talkの区別③

say (that) 〜は「(本・書類・掲示板などに)〜と書いてある」という意味を表す。The document「書類」が主語の場合に使える動詞は、選択肢の中では says のみ。(答 ④)

🈹 その書類には契約は毎年自動的に更新されると書かれている。

🏠 say / tell / speak / talkの区別④

〈**talk ＋人＋ out of ＋動名詞**〉は「(人)を説得して〜するのをやめさせる」という意味を表す。〈talk ＋人＋ into ＋動名詞〉だと「(人)を説得して〜させる」という意味になる。(答 ②)

🈹 彼女は私を説得してその絵を売るのをやめさせた。

まとめてCheck!	say / tell / speak / talkの区別
say	原則として他動詞で用い、「発言内容」を目的語にとる。
tell	原則として他動詞で用い、「人」を目的語にとる。
speak	原則として自動詞で用い、1人の人が何かを話すことを表す。
talk	原則として自動詞で用い、2人以上の人が会話することを表す。

動詞の語法 ⑧

036

It is not easy to (　　) children to study when they are playing video games.

(慶應義塾大)

① let 　　　　　② make 　　　　　③ have 　　　　　④ get

037

Which shop did you go to last week to get your watch (　　)?

(大東文化大・改)

① repaired 　　② to repair 　　③ repairing 　　④ to repaired

038

I love my children, but when they are around, it is hard to get any work (　　).

(昭和女子大)

① done 　　　　② do 　　　　　③ doing 　　　　④ did

039

He (　A　) his umbrella (　B　) in the door by accident when he boarded the rush hour train.

(センター試験)

① A：got　B：caught 　　　　② A：got　B：to catch
③ A：made　B：caught 　　　　④ A：made　B：to catch

040

Tom (　　) his mother, but not his father.

(福岡大)

① resembles to 　　　　　　　② resembles
③ is resembling to 　　　　　④ is resembling with

Words & Phrases

☑ 038　**it is hard to _do_** (〜するのは難しい)
☑ 039　**by accident** (思いがけず)　**board** (〜に乗車する)

👑 getの語法①

〈get + O +不定詞〉は「O に〜させる、〜してもらう」という意味を表す。let、make、have は後に〈O +動詞の原形〉が続く。(答 ④)

🈞 子どもがテレビゲームをしている時に勉強させるのは容易ではない。

👑 getの語法②

〈get + O +過去分詞〉は「O を〜してもらう」という使役の意味を表す。get の目的語 your watch と repaired とは「時計が修理される」という受け身の関係になっている。(答 ①)

🈞 あなたは先週、腕時計を直してもらうために、どの店に行ったのですか。

👑 getの語法③

〈get + O +過去分詞〉は「O を〜してしまう」という完了の意味を表す。get の目的語 any work と done は「仕事がなされる」という受け身の関係になっている。(答 ①)

🈞 私は自分の子どもたちを愛しているが、彼らがまわりにいると、どんな仕事もやりとげるのが難しい。

👑 getの語法④

〈get + O +過去分詞〉は「O を〜される」という被害の意味を表す。his umbrella と caught は「傘をはさまれる」という受け身の関係になっている。(答 ①)

🈞 彼はラッシュアワーの電車に乗った時、思いがけず傘をドアにはさまれた。

👑 自動詞と間違えやすい他動詞①

resemble は「〜に似ている」という意味を表す他動詞。後に to などの前置詞を続けないよう注意。また、状態を表す動詞なので、進行形にしないことにも注意。(答 ②)

🈞 トムは母親には似ているが、父親には似ていない。

まとめてCheck! 〈get＋O＋過去分詞〉の表す意味
① 使役「Oを〜してもらう」(→037)
② 完了「Oを〜してしまう」(→038)
③ 被害「Oを〜される」(→039)

動詞の語法 ⑨

☑ 041 ☐

The professors (　　) various issues of global economy. (跡見学園女子大)

① discussed
② discussion
③ discussed about
④ discussed of

☑ 042 ☐

I have to get up early in the morning and leave the house by 7:00 in order to (　　) the airport on schedule. (愛知淑徳大)

① arrive　　② reach　　③ come　　④ go

☑ 043 ☐

John (　　) a woman from France. (神戸学院大)

① married　　② marrying　　③ got married　　④ was married

☑ 044 ☐

We decided (　　) the proposal because it was too costly. (産業能率大)

① to reject　　② rejected　　③ rejecting　　④ reject

☑ 045 ☐

Frank woke up late, but he (　　) to get to school on time. (南山大)

① accomplished
② remained
③ managed
④ succeeded

Words & Phrases

☑ 041	**issue** (問題)
☑ 042	**in order to *do*** (〜するために)　　**on schedule** (予定どおりに)
☑ 044	**proposal** (提案)　　**costly** (費用のかかる)
☑ 045	**on time** (時間どおりに)

自動詞と間違えやすい他動詞②

discuss は「〜について話し合う」という意味を表す他動詞。後に about などの前置詞を続けないよう注意。（答 ①）

訳 教授たちは世界経済のさまざまな問題について話し合った。

自動詞と間違えやすい他動詞③

reach は「〜に到着する」という意味を表す他動詞。arrive、come、go は自動詞なので、後に前置詞が必要。（答 ②）

訳 私は予定どおりに空港に到着するために、朝早く起きて7時までに家を出なくてはいけない。

自動詞と間違えやすい他動詞④

marry は「〜と結婚する」という意味を表す他動詞。くだけた表現では get married to 〜がよく使われる。（答 ①）

訳 ジョンはフランス出身の女性と結婚した。

目的語に不定詞をとる動詞①

〈decide ＋不定詞〉は「〜しようと決心する」という意味を表す。decide は目的語に動名詞ではなく不定詞をとる。（答 ①）

訳 その提案はあまりに費用がかかるので、私たちはそれを拒否することにした。

目的語に不定詞をとる動詞②

〈manage ＋不定詞〉は「どうにか〜する」という意味を表す。manage は目的語に動名詞ではなく不定詞をとる。（答 ③）

訳 フランクは寝坊したが、どうにか時間どおり学校に到着した。

まとめてCheck!	自動詞と間違えやすい他動詞		
approach	（〜に近づく）	attend	（〜に出席する）
consider	（〜について考える）	enter	（〜に入る）
mention	（〜について言う）	oppose	（〜に反対する）

動詞の語法 ⑩

☑ 046

In spite of a series of requests from the police, the company refused ( ) the information related to the employee. （大阪教育大）

① provision   ② provide   ③ providing   ④ to provide

☑ 047

They never fail ( ) us when we are in trouble. （立命館大）

① help   ② helpful for   ③ helping   ④ to help

☑ 048

To her surprise, her husband demanded that she ( ) up with him at 4 a.m. when he was on the early shift. （立教大）

① get   ② gets   ③ getting   ④ gotten

☑ 049

It was proposed that the president ( ) for a period of four years. （昭和大）

① elected   ② should elect
③ be elected   ④ would be elected

☑ 050

I had a bad cold. The doctor recommended I ( ) out for a week. （亜細亜大）

① not go   ② not to go   ③ not going   ④ not to be gone

Words & Phrases

☑ 046	**in spite of ～** (～にもかかわらず) **a series of ～** (一連の～)
	related to ～ (～に関する) **employee** (従業員)
☑ 047	**be in trouble** (困っている)
☑ 048	**shift** (交替勤務のグループ)

👑 目的語に不定詞をとる動詞③

〈refuse ＋不定詞〉は「〜するのを拒否する」という意味を表す。refuse は目的語に動名詞ではなく不定詞をとる。(答 ④)

🈂 警察からの一連の要求にもかかわらず、その会社は従業員に関する情報を提供することを拒否した。

👑 目的語に不定詞をとる動詞④

〈fail ＋不定詞〉は「〜しそこなう、〜するのをおこたる」という意味を表す。fail は目的語に動名詞ではなく不定詞をとる。never fail to *do* だと「決して〜しそこなわない」→「必ず〜する」という意味を表す。(答 ④)

🈂 私たちが困っている時、彼らは必ず助けてくれる。

👑 「要求」「提案」などを表す動詞に続くthat節①

demand (that) S (should) *do* は「S が〜することを要求する」という意味を表す。「要求」を表す動詞の目的語となる that 節では、動詞は〈(should ＋) 動詞の原形〉になる。「命令」「忠告」を表す動詞も同じ形をとる。(答 ①)

🈂 彼女が驚いたことに、彼女の夫は自分が早番の時は彼女も彼といっしょに午前 4 時に起きるよう要求した。

👑 「要求」「提案」などを表す動詞に続くthat節②

propose (that) S (should) *do* は「S が〜することを提案する」という意味を表す。ここでは that 節内の主語 the president と動詞 elect が「大統領が選ばれる」という受け身の関係になっている。「提案」を表す動詞の目的語となる that 節では、動詞は〈(should ＋) 動詞の原形〉になる。(答 ③)

🈂 大統領は 4 年の任期で選出されるようにとの提案がなされた。

👑 「要求」「提案」などを表す動詞に続くthat節③

recommend (that) S (should) *do* は「S は〜するべきだと勧める」という意味を表す。動詞の原形を用いる場合、否定形は〈not ＋動詞の原形〉となることに注意。(答 ①)

🈂 私はひどい風邪をひいていた。医師は 1 週間外出しないようにと勧告した。

まとめてCheck!	目的語に不定詞をとる動詞		
agree to *do*	(〜することに同意する)	hope to *do*	(〜することを望む)
learn to *do*	(〜できるようになる)	offer to *do*	(〜することを申し出る)
pretend to *do*	(〜するふりをする)	plan to *do*	(〜する予定だ)
promise to *do*	(〜する約束する)	wish to *do*	(〜したいと思う)

動詞の語法 ⑪

☑ 051

The city of Nara (　　) me of temples and deer.　　　　　(神戸学院大)
① remembers　② recalls　③ reminds　④ represents

☑ 052

She informed them (　　) her plan.　　　　　(九州産業大)
① at　② from　③ of　④ to

☑ 053

When we are (　　) of sleep, our brains cannot function properly.
(中央大)
① deprived　② forced　③ lost　④ prevented

☑ 054

The man robbed (　　) on the street yesterday.　　　　　(東京経済大)
① her of her bag　　　　　② her from her bag
③ her bag from her　　　　　④ her bag of her

☑ 055

Immediately after she entered the room, she (　　) down on the bed.
(甲南大)
① laid　② lain　③ lay　④ lied

Words & Phrases

☑ 053　**function** (機能する)　**properly** (きちんと)
☑ 055　**immediately** (ただちに)

👑 後にA of Bの形が続く動詞①

remind A of B は「A に B を思い出させる」という意味を表す。recall も「A に B を思い出させる」という意味で使われることがあるが、recall B to A の形をとる。(答 ③)

訳 奈良市は私に寺とシカを思い起こさせる。

👑 後にA of Bの形が続く動詞②

inform A of B は「A に B を知らせる」という意味を表す。知らせる内容を that 節で表す場合は inform A that ... になる。(答 ③)

訳 彼女は自分の計画を彼らに伝えた。

👑 後にA of Bの形が続く動詞③

deprive A of B は「A から B を奪う」という意味を表す。この of は「分離・除去」を表している。ここでは A を主語にした受動態になっている。(答 ①)

訳 睡眠を奪われると、私たちの脳はきちんと機能することができない。

👑 後にA of Bの形が続く動詞④

rob A of B は「A(人)から B(金品)を奪う」という意味を表す。この of は「分離・除去」を表している。同様の形には、clear A of B「A(場所)から B(物・人)を取り除く」、rid A of B「A(人・場所)から B(好ましくないもの)を取り除く」などがある。(答 ①)

訳 その男は昨日、通りで彼女からバッグを奪った。

👑 自動詞と他動詞で形が異なる動詞①

この **lie** は「横になる」という意味を表す自動詞。活用は lie-lay-lain-lying。「～を横たえる」という意味を表す他動詞 lay と混同しやすいので注意。(答 ③)

訳 彼女は部屋に入るとすぐにベッドに横になった。

まとめてCheck!	後に**A of B**の形が続く動詞 ① (→051-052)
convince A of B	(AにBを納得させる)
persuade A of B	(AにBを信じさせる)
suspect A of B	(AにB(犯罪など)の疑いをかける)
warn A of B	(AにB(危険など)を警告する)

動詞の語法 ⑫

☑ 056 ⛉

Unless he ( ) to you in the past, you should trust him. (杏林大)

① laid   ② lay   ③ lain   ④ lied

☑ 057 ⛉

Our favorite restaurant has ( ) its prices again. It's getting very expensive. (愛知学院大)

① raise   ② raised   ③ risen   ④ rose

☑ 058 ⛉

As I ( ) to know Bob, I began to like him. (中京大)

① became   ② learned   ③ turned   ④ came

☑ 059 ⛉

I explained ( ) what they needed to prepare for the trip. (武蔵野美術大)

① them   ② at them   ③ on them   ④ to them

☑ 060 ⛉

( ) matter to me whether she joins us or not. (札幌大)

① There isn't   ② That doesn't   ③ It doesn't   ④ What isn't

Words & Phrases

☑ 056	**trust** (〜を信用する)	
☑ 057	**favorite** (お気に入りの)	

🔖 自動詞と他動詞で形が異なる動詞②

この **lie** は「うそをつく」という意味を表す自動詞。この意味の lie の活用は lie-lied-lied-lying。「横になる」という意味を表す自動詞 lie と混同しやすいので注意。（答 ④）

📖 彼が過去にあなたにうそをついたのでないかぎり、あなたは彼を信用すべきです。

🔖 自動詞と他動詞で形が異なる動詞③

raise は「〜を上げる」という意味を表す他動詞。「上がる」という意味を表す rise と混同しやすいので注意。rise の活用は rise-rose-risen-rising。（答 ②）

📖 私たちのお気に入りのレストランはまた料金を値上げした。非常に高くなっている。

🔖 注意すべき動詞の語法①

〈**come ＋不定詞**〉は「〜するようになる」という意味を表す。不定詞には think、believe、know、love、realize など精神状態を表す動詞が来る。×〈become ＋不定詞〉とは言えないので注意。（答 ④）

📖 ボブのことを知るにつれ、私は彼を好きになってきた。

🔖 注意すべき動詞の語法②

explain A to B は「B（人）に A を説明する」という意味を表す。A が疑問詞節や that 節の場合は、explain to B A となることに注意。（答 ④）

📖 私は彼らに、旅行のために何を準備する必要があるかを説明した。

🔖 注意すべき動詞の語法③

it doesn't matter (to A) whether [if] 〜 は「〜かどうかは（A にとって）重要でない」という意味を表す慣用表現。it は形式主語で、whether [if] 以下が真の主語。whether[if] 節の代わりに疑問詞節や that 節を用いることもある。（答 ③）

📖 彼女が私たちに加わるかどうかは、私にとって重要でない［どうでもいい］。

まとめてCheck!	後に**A of B**の形が続く動詞 ②（→053-054）
clear A of B	（A(場所)からB(物・人)を取り除く）
cure A of B	（A(人)のB(病気・けが)を治療する）
rid A of B	（A(場所・人など)からB(望ましくない物・人)を取り除く）
relieve A of B	（A(人)をB(やっかいな事など)から解放する）

31

動詞の語法 ⑬

☑ 061 ☑
Last night, Ben saw someone ( ) the shop. (神奈川大)
① enters　　　② to enter　　　③ has entered　　　④ enter

☑ 062 ☑
I felt something ( ) my head. (東京歯科大)
① touch　　　② touched　　　③ to touch　　　④ touches

☑ 063 ☑
He listened to the musician ( ) the ancient instrument. (大正大)
① played　　　② to play　　　③ play　　　④ has play

☑ 064 ☑
Could you ( ) me a big favor? (早稲田大・改)
① do　　　② give　　　③ have　　　④ make

☑ 065 ☑
Do you think television ( ) ? (愛知医科大)
① makes children harm　　　② does children harm
③ allows children harm　　　④ provides children harm

Words & Phrases

☑ 063　**ancient** (非常に古い)　**instrument** (楽器)

知覚動詞＋O＋動詞の原形①

〈see ＋ O ＋動詞の原形〉は「O が～するのを見る」という意味を表す。O を主語にした「～するのを見られた」という受動態の場合は be seen _to do_ となることに注意。(答 ④)

訳 昨夜、ベンはだれかがその店に入るのを見た。

知覚動詞＋O＋動詞の原形②

〈feel ＋ O ＋動詞の原形〉は「O が～するのを感じる」という意味を表す。(答 ①)

訳 私は何かが頭に触れるのを感じた。

知覚動詞＋O＋動詞の原形③

〈listen to ＋ O ＋動詞の原形〉は「O が～するのを聴く」という意味を表す。listen to は hear などと同じように１語の知覚動詞として扱われる。(答 ③)

訳 彼はそのミュージシャンが古楽器を演奏するのを聴いた。

SVOOの形をとるdoの用法①

〈do ＋人＋ a favor〉は「(人)の願いを聞く」という意味を表す。この do は「〈利益・害など〉をもたらす」という意味で、SVOO の形をとる。Could [Would] you do me a favor? は「お願いを聞いていただけますか」という意味を表す慣用表現。(答 ①)

訳 厚かましいお願いですが、聞いていただけますか。

SVOOの形をとるdoの用法②

〈do ＋人＋ harm〉は「(人)に害を加える」という意味を表す。この do は「〈利益・害など〉をもたらす」という意味で SVOO の形をとるが、〈do harm ＋ to ＋人〉の形でも用いられる。harm の代わりに good を使うと「(人)に利益を与える」という意味になる。(答 ②)

訳 テレビは子どもたちに害を与えると思いますか。

まとめてCheck!	SVOOの形をとる動詞 ① (→068-069)
find O(人) O(物)	((人)に(物)を見つけてあげる)
get O(人) O(物)	((人)のために(物)を買ってあげる[手に入れる])
hand O(人) O(物)	((人)に(物)を手渡す)
pass O(人) O(物)	((人)に(物)を渡す)

動詞の語法 ⑭

066 Not knowing what to say, Mr. Oliphant (　) silent all through the meeting. （東邦大）

① remained　② decided　③ chose　④ pointed

067 I (　) mad if I had to stay in bed for three weeks. （自治医科大）

① am　② will be　③ would come　④ would go

068 It will (　) me more than $300 to buy a new pair of glasses. （南山大）

① cost　② spend　③ charge　④ need

069 I know I (　) you $20 in total. But I am only able to pay you back $10 today. I will pay the rest as soon as I get my wages for this month. （青山学院大）

① withdraw　② deposit　③ owe　④ spend

070 Are we going to take a national exam before we (　) college? （大阪医科大）

① graduate　② graduate of　③ graduate in　④ graduate from

Words & Phrases

☑069　**in total**（合計で）　**wage**（給料）

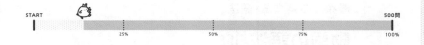
👑 SVCの形をとる動詞①

〈remain + C〉は「C（の状態）のままである」という意味を表す。C には名詞・形容詞・分詞などが来る。（答 ①）

🔖 オリファント氏は何を言っていいのかわからなかったので、会議中ずっと黙っていた。

👑 SVCの形をとる動詞②

〈go + C〉は「C（悪い状態）になる」という意味を表す。C にはふつう悪い状態を表す形容詞が来る。〈come + C〉も「C になる」という意味を表すが、C にはふつうよい状態を表す形容詞が来る。（答 ④）

🔖 3 週間寝たきりでないといけないとしたら、私は気が狂うだろう。

👑 SVOOの形をとる注意すべき動詞①

〈it costs ＋人＋金額＋不定詞〉は「（人）が〜するのに（金額）がかかる」という意味を表す。「物」を主語にした〈物＋ cost ＋人＋金額〉「（物）は（人）に（金額）がかかる」という形もある。活用が cost-cost-cost であることに注意。（答 ①）

🔖 新しいめがねを買うには 300 ドル以上かかるだろう。

👑 SVOOの形をとる注意すべき動詞②

〈owe ＋人＋金額〉は「（人）に（金額）の借りがある」という意味を表す。〈owe ＋金額 ＋ to ＋人〉という形もある。お金だけでなく「恩がある」という意味で使うこともある。（答 ③）

🔖 あなたに全部で 20 ドルの借金をしていることはわかっています。しかし、今日は 10 ドルの返済しかできません。残りは今月の給料をもらい次第返します。

👑 他動詞と間違えやすい自動詞①

graduate from 〜は「〜を卒業する」という意味を表す。graduate は自動詞なので、卒業する学校などを示す場合は from を用いることに注意。（答 ④）

🔖 私たちは大学を卒業する前に国家試験を受けることになるのですか。

まとめてCheck!	SVCの形をとる動詞		
become	（〜になる）	get	（〜になる）
grow	（〜になる）	turn	（〜になる）
appear	（〜のように見える）	look	（〜に見える）
seem	（〜のように思える）	feel	（〜と感じる）

動詞の語法 ⑮

☑ 071

My bitter comments might have offended him. I have to ( ) that.

(獨協医科大)

① sorry him for
② sorry to him for
③ apologize him for
④ apologize to him for

☑ 072

I don't blame you ( ) about your own safety. (昭和大・改)

① that you think
② your thinking
③ for thinking
④ to have thought

☑ 073

Please excuse me ( ) calling so late. (広島修道大)

① as
② by
③ for
④ of

☑ 074

We should act now to ( ) the problem from snowballing. (東京工科大)

① avoid
② prevent
③ resist
④ defend

☑ 075

The class teacher ( ). (福岡大)

① prevented their from quarreling
② prohibited them quarreling
③ stopped them from quarreling
④ kept from their quarreling

Words & Phrases

☑ 071	**offend** (〜の感情を害する)	
☑ 074	**snowball** ((問題などが)雪だるま式に増大する)	

🏳 他動詞と間違えやすい自動詞②

apologize to A for B は「B のことで A（人）にあやまる」という意味を表す。apologize は自動詞なので、あやまる相手を示す場合は〈to ＋人〉、理由を示すには〈for ＋理由〉のように、前置詞を用いることに注意。（答 ④）

📖 私の辛辣なコメントが彼の気分を害したかもしれない。そのことで彼にあやまらなくてはいけない。

🏳 後にA for Bの形が続く動詞①

blame A for B は「B（物・事）のことで A（人）を責める」という意味を表す。blame は目的語に that 節はとらず、SVOO の形もとらないことに注意。B には名詞・動名詞が来る。（答 ③）

📖 私はあなたが自分の安全を考えているからといって、あなたを責めません。

🏳 後にA for Bの形が続く動詞②

excuse A for B は「B（物・事）について A（人）を許す」という意味を表す。（答 ③）

📖 こんなに遅い時間に電話してごめんなさい。

🏳 後にA from *doing*の形が続く動詞①

prevent A from *doing* は「A が〜するのを妨げる」という意味を表す。keep A from *doing* も同様の意味を表す。（答 ②）

📖 私たちは問題が雪だるま式にふくらむのを防ぐため、今こそ行動を起こすべきだ。

🏳 後にA from *doing*の形が続く動詞②

stop A from *doing* は「A が〜するのをとめる」という意味を表す。prohibit A from *doing* は「A が〜するのを禁じる」という意味。（答 ③）

📖 担任の先生は彼らが口げんかをするのをとめた。

まとめてCheck!	他動詞と間違えやすい自動詞
agree with 〜	（（人）と合意する）
complain to A about [of] B	（B（人・物・事）についてA（人）に文句を言う）
object to 〜	（〜に反対する）
search for 〜	（（人・物・答え）をさがす）

動詞の語法 ⑯

076 Listening to this CD every day will help (　　) your listening comprehension. （佛教大）

① improve
② improving
③ improved
④ to have improved

077 After the party was over, some of my friends stayed and helped (　　). （獨協医科大）

① my wash dishes
② my washed dishes
③ me with the dishes
④ me of the dishes

078 I cannot (　　) the sight of blood. Not so much as a small cut. （獨協大）

① stand
② sit
③ send
④ start

079 Does she still (　　) a nice hotel by the lake? （武蔵大）

① do
② leave
③ meet
④ run

080 I need a pencil case. Any color will (　　). （名城大）

① be
② come
③ do
④ go

Words & Phrases

☑ 076　**listening comprehension** (聴解力)
☑ 078　**not so much as ～** (～でさえない)　**cut** (切り傷)

👑 helpの語法①

help (to) do は「〜する助けになる」という意味を表す。help の後には不定詞か動詞の原形が続くことに注意。「(人)が〜する助けになる」とする場合は help A (人) (to) do とする。（答 ①）

訳 この CD を毎日聴くとリスニングの能力を向上させる助けになるでしょう。

👑 helpの語法②

help A with B は「A (人) を B のことで手伝う」という意味を表す。（答 ③）

訳 パーティーが終わった後、私の友人の何人かが残って私が食器を洗うのを手伝ってくれた。

👑 意外な意味を持つ動詞①

stand は他動詞ではしばしば can を伴って「〜をがまんする、〜に耐える」という意味を表す。否定文・疑問文で用いられることが多い。（答 ①）

訳 私は血を見るのが耐えられない。小さな傷口ですら無理だ。

👑 意外な意味を持つ動詞②

run は他動詞では「〜を経営する」という意味を表す。（答 ④）

訳 彼女はまだ湖畔のすてきなホテルを経営しているのですか。

👑 意外な意味を持つ動詞③

do は自動詞では will を伴って「役に立つ、用が足りる」という意味を表す。（答 ③）

訳 筆入れが必要です。どんな色でもかまいません。

まとめてCheck!	SVOOの形をとる動詞 ② (→068-069)	
leave O(人) O(物・時間)	((人)に(物・時間)を残しておく)	
lend O(人) O(物・お金)	((人)に(物・お金)を貸す)	
pay O(人) O(お金・注意)	((人)に(お金・注意)を払う)	
save O(人) O(手間・お金)	((人)の(手間・お金)を省く)	

関係詞 ①

081
All the necessary information is in this guidebook, (　　) will be very
useful when you are traveling in Asian countries.　　　　　（東京理科大）
① how　　　　② what　　　　③ where　　　　④ which

082
The elderly woman, (　　) had known Tom well, said that he was very
kind to her.　　　　　　　　　　　　　　　　　　　　　　（獨協大）
① what　　　　② whom　　　　③ which　　　　④ who

083
A little after one o'clock I arrived at Yokohama, (　　) I had lunch.
　　　　　　　　　　　　　　　　　　　　　　　　　　（国士舘大）
① that　　　　② what　　　　③ where　　　　④ which

084
The typhoon suddenly became weaker, (　　) was good news for the
village.　　　　　　　　　　　　　　　　　　　　　　（センター試験）
① it　　　　② that　　　　③ what　　　　④ which

085
Jane said she won the lottery, (　　) turned out to be a lie.　（愛知医科大）
① but　　　　② that　　　　③ and　　　　④ which

Words & Phrases

☑ 082　**be kind to ～**（～に親切にする）
☑ 085　**lottery**（宝くじ）　**turn out (to be) ～**（～であることがわかる）

🗂 関係詞の非限定用法①

関係詞の直前にコンマ（,）を置き、先行詞について補足説明をすることがある。この用法を**非限定用法**という。ここでは、this guidebook について、それがどういうものかを関係詞節が補足説明している。（　）は節中で主語になっているので、主格の関係代名詞 which を用いる。（答 ④）

訳 必要な情報はすべてこのガイドブックに書いてあるので、これはアジアの国々を旅行する時にとても役に立つだろう。

🗂 関係詞の非限定用法②

（　）で始まる節は、the elderly woman について、その人がどういう人かを補足説明する非限定用法の関係詞節。（　）は節中で主語になっているので、人を先行詞とする主格の関係代名詞 who を用いる。（答 ④）

訳 その年配の女性はトムをよく知っていて、彼は自分にとても親切だと言った。

🗂 関係詞の非限定用法③

（　）で始まる節は、Yokohama について、そこがどういう場所かを補足説明する非限定用法の関係詞節。（　）は節中で副詞句（＝ in Yokohama）の働きをしているので、場所を表す語を先行詞とする関係副詞 where を用いる。（答 ③）

訳 1時ちょっと過ぎに私は横浜に到着し、そこで昼食をとった。

🗂 関係詞の非限定用法④

非限定用法の which は、**直前の文全体を先行詞として、その内容にコメントを加えること**がある。ここでは、The typhoon suddenly became weaker についてコメントを加えている。that は非限定用法では使えないので注意。（答 ④）

訳 台風は突然衰えたが、それは村にとってよい知らせだった。

🗂 関係詞の非限定用法⑤

非限定用法の which は、**直前の文の一部を先行詞として、その内容にコメントを加える**ことがある。ここでは、she won the lottery という発言内容についてコメントを加えている。（答 ④）

訳 ジェーンは宝くじに当たったと言ったが、それはうそだとわかった。

まとめてCheck!	関係代名詞の種類 ①(主格)
先行詞が〈人〉	who / that
先行詞が〈人以外〉	which / that
先行詞が〈人＋人以外〉	that

関係詞 ②

086 ☑ 〽

Ralph forgot his computer, (　　) he was unable to contribute to the meeting.　　(立命館大)

① including that　　　　　　② resulting in
③ with it　　　　　　　　　④ without which

087 ☑ 〽

My teacher recommended several books to the class, (　　) has become a bestseller.　　(関西学院大)

① that　　② which　　③ one of that　　④ one of which

088 ☑ 〽

He had five daughters, the eldest of (　　) succeeded him in the family business.　　(日本大)

① either　　② that　　③ this　　④ whom

089 ☑ 〽

Around two billion children live in places (　　) pollution levels are too high.　　(東京経済大)

① where　　② in that　　③ which　　④ what

090 ☑ 〽

This is the place (　　) I would like to visit again someday.　　(東洋大)

① that　　② when　　③ where　　④ in which

Words & Phrases

☑ 086　**contribute to ～** (～に貢献する)
☑ 087　**recommend** (～を勧める)
☑ 088　**succeed** (～の跡を継ぐ)
☑ 089　**pollution** (汚染)

📋 関係詞の非限定用法⑥

(　) で始まる節は、his computer について、それがどういうものかを補足説明する非限定用法の関係詞節。文脈から (　) には「それがなければ (without it)」が入るとわかるので、it を関係代名詞にした without which を用いる。(答 ④)

📖 ラルフはコンピューターを忘れた。それがないと、彼は会議に貢献できなかった。

📋 関係詞の非限定用法⑦

(　) で始まる節は、several books について、それがどういうものかを補足説明する非限定用法の関係詞節。文脈から (　) は「そのうちの1冊 (one of them)」が入るとわかるので、them を関係代名詞にした one of which を用いる。(答 ④)

📖 私の先生はクラスの生徒たちに数冊の本を薦めたが、そのうち1冊はベストセラーになっている。

📋 関係詞の非限定用法⑧

(　) を含む節は、five daughters について、その人がどういう人かを補足説明する非限定用法の関係詞節。文脈から (　) を含む節の主語は「彼女たちのうち最も年長の者 (the eldest of them)」になるとわかるので、them を関係代名詞にした the eldest of whom を用いる。(答 ④)

📖 彼には娘が5人いて、そのうち最年長の娘 [長女] が彼に代わって家業を継いだ。

📋 関係副詞の基本用法①

(　) で始まる節は、places を後ろから修飾する関係詞節。(　) は節中で場所を表す副詞句 (= in the places) の働きをしているので、**場所を表す語を先行詞とする関係副詞 where** を用いる。関係代名詞を用いて in which とも言えるが、×in that とは言えないので注意。(答 ①)

📖 約20億人の子どもたちが汚染度の高すぎる場所で生活している。

📋 関係副詞の基本用法②

(　) で始まる節は、the place を後ろから修飾する関係詞節。(　) は節中で visit の目的語になっているので、目的格の関係代名詞 that を用いる。場所を表す語が先行詞だからといって、必ずしも関係副詞 where を使うわけではないので注意。(答 ①)

📖 ここは、私がいつかまた訪れたいと思っている場所だ。

まとめてCheck!	関係代名詞の種類 ②(目的格)
先行詞が〈人〉	who [whom] / that　※whomは堅い書き言葉で用いる。
先行詞が〈人以外〉	which / that
先行詞が〈人＋人以外〉	that

関係詞 ③

☑ 091 ☖

I hope the day will soon come (　　) there are no wars on the earth.

(森ノ宮医療大)

① which　　　② what　　　③ when　　　④ where

☑ 092 ☖

This is (　　) Mr. Jobs succeeded in the personal computer business.

(松山大)

① which　　　② what　　　③ how　　　④ the way how

☑ 093 ☖

From (　　) they look, I would say that they failed.　　　(青山学院大)

① what　　　② the way　　　③ the point　　　④ at which

☑ 094 ☖

The reason (　　) he stayed away from school last week was that he came down with the flu.　　　(杏林大)

① because　　　② which　　　③ why　　　④ for

☑ 095 ☖

She found unnecessary charges on her credit card bill. That is (　　) she urgently contacted the company.　　　(中央大・改)

① because　　　② how　　　③ what　　　④ why

Words & Phrases

☑ 092　**succeed in ～**（～に成功する）
☑ 094　**come down with ～**（(病気)にかかる）
☑ 095　**charge**（請求代金）　**urgently**（緊急に）

🔲 関係副詞の基本用法③

（　　）で始まる節は、the day を修飾する関係詞節。（　　）は節中で時を表す副詞句（＝ on the day）の働きをしているので、**時を表す語を先行詞とする関係副詞 when** を用いる。このように、先行詞と関係詞が離れていることもあるので注意。（答　③）

訳 やがて地球上から戦争がなくなる日が来ることを私は願っている。

🔲 関係副詞の基本用法④

（　　）で始まる節は、文の補語になる名詞節。先行詞がなく、節中に不足している名詞要素はないので、**「〜する方法」という意味を表す関係副詞 how** を用いる。×the way how とは言えないので注意。（答　③）

訳 こうしてジョブズ氏はパソコン業界で成功した。

🔲 関係副詞の基本用法⑤

（　　）で始まる節は、前置詞の目的語になる名詞節。文脈から「彼らの見え方」という意味になるとわかるので、**「〜する方法」という意味を表す the way** を用いる。**the way SV「S が V する方法」**は the way in which の in which が省略された形で、関係副詞 how と同じ意味を表す。（答　②）

訳 彼らの様子から判断して、彼らは失敗したと言っていいだろう。

🔲 関係副詞の基本用法⑥

（　　）で始まる節は、the reason を修飾する関係詞節。（　　）は節中で理由を表す副詞句（＝ for the reason）の働きをしているので、**reason(s)を先行詞とする関係副詞 why** を用いる。（答　③）

訳 彼が先週学校を欠席した理由は、インフルエンザにかかったからだった。

🔲 関係副詞の基本用法⑦

（　　）で始まる節は、文の補語になる名詞節。文脈から「そういうわけで〜」という意味になるとわかるので、理由を表す関係副詞 why を用いる。このように、**reason(s) why 〜の reason(s) はしばしば省略される**。また、why が省略されることもある。（答　④）

訳 彼女はクレジットカードの請求書に余計な料金が載っているのを見つけた。それで、急いでカード会社に連絡した。

まとめてCheck!	関係副詞の種類
where	先行詞は場所を表す語
when	先行詞は時を表す語
why	先行詞はreason(s)
how	先行詞なし

関係詞 ④

096

I am the only member of our high school basketball team (   ) joined in the second year. (神奈川大)

① who   ② which   ③ whose   ④ whom

097

Please write about the person (   ) you respect most. (中部大)

① to who   ② whose   ③ whom   ④ of who

098

This is the pen (   ) the famous writer always used when he wrote novels. (東北学院大)

① for which   ② which   ③ who   ④ with which

099

That was the reason (   ) the boss gave me for my dismissal. (亜細亜大)

① what   ② that   ③ where   ④ when

100

The scarf (   ) is a present from my mother. (二松學舍大)

① is wearing   ② I am wearing
③ which is wearing   ④ which I am worn

Words & Phrases

☑ 097 **respect** (〜を尊敬する)

☑ 099 **dismissal** (解雇)

⌂ 関係代名詞の基本用法①

（　）で始まる節は、the only member を後ろから修飾する関係詞節。（　）は節中で主語になっているので、**人を先行詞とする主格の関係代名詞 who** を用いる。（答 ①）

🈟 私は高校のバスケットボールチームに 2 年生で加わった唯一のメンバーだ。

⌂ 関係代名詞の基本用法②

（　）で始まる節は、the person を後ろから修飾する関係詞節。（　）は節中で respect の目的語になっているので、**人を先行詞とする目的格の関係代名詞 whom** を用いる。ただし、ふつうは **whom の代わりに who を用いる。**（答 ③）

🈟 あなたが最も尊敬している人物について書いてください。

⌂ 関係代名詞の基本用法③

（　）で始まる節は、the pen を後ろから修飾する関係詞節。（　）は節中で used の目的語になっているので、**人以外を先行詞とする目的格の関係代名詞 which** を用いる。（答 ②）

🈟 これは、有名な作家が小説を書く時にいつも使っていたペンだ。

⌂ 関係代名詞の基本用法④

（　）で始まる節は、the reason を後ろから修飾する関係詞節。（　）は節中で gave の直接目的語になっているので、目的格の関係代名詞 that を用いる。**that は先行詞が人でも人以外でも用いることができる。**（答 ②）

🈟 それが、上司が私に告げた解雇の理由だった。

⌂ 関係代名詞の基本用法⑤

（　）は、the scarf を後ろから修飾する関係詞節。文脈から「私が身につけているスカーフ」という意味になるとわかるので、I am wearing を用いる。目的格の関係代名詞 which / that が省略された形。このように、**目的格の関係代名詞はしばしば省略される。**（答 ②）

🈟 私が身につけているスカーフは母からのプレゼントだ。

まとめてCheck!	関係代名詞の基本用法
主格	関係詞節中で主語の働きをする（→096）
目的格	関係詞節中で動詞・前置詞の目的語の働きをする（→097-100）
所有格	〈whose＋名詞〉の形で、関係詞節中で主語・目的語の働きをする（→101）

関係詞 ⑤

101 Kumi bought her daughter a compact disc ( ) cover is quite colorful and attractive.　　　　　　　　　　　　　　　　　　　（東海大）
① that　　　　　② which　　　　　③ whose　　　　　④ who

102 The person ( ) you wish to speak is sitting over there.　（慶應義塾大）
① to who　　　　② to whom　　　　③ who to　　　　④ whom to

103 This is the house ( ) my grandmother lived in her youth.　（亜細亜大）
① which　　　　② in which　　　　③ that　　　　④ in that

104 There are various ways ( ) people can approach this problem.
　　　　　　　　　　　　　　　　　　　　　　　　　　　　　（立命館大）
① during which　　　　　　　② in which
③ of which　　　　　　　　　　④ to which

105 The question is the extent ( ) he understands the situation he is in now.　　　　　　　　　　　　　　　　　　　　　　　　　（芝浦工業大）
① with which　　② to which　　③ on which　　④ for which

Words & Phrases

☑ 101	**attractive** (魅力的な)	
☑ 104	**approach** ((問題など)に取り組む)	
☑ 105	**extent** (程度)	

👑 関係代名詞の基本用法⑥

( ) で始まる節は、a compact disc を後ろから修飾する関係詞節。( ) は節中で cover の所有格（＝ its cover）になっているので、**所有格の関係代名詞 whose** を用いる。whose は先行詞が人でも人以外でも用いることができる。（答 ③）

📖 クミは娘に、ジャケットが非常にカラフルで魅力的なコンパクトディスクを買ってあげた。

👑 前置詞の目的語となる関係代名詞①

( ) で始まる節は、the person を後ろから修飾する関係詞節。( ) は節中で speak の後に続く部分になっているが、speak は speak to A の形で用いるので、〈to ＋目的格の関係代名詞 whom〉を用いる。**前置詞が関係代名詞の直前に置かれた形。**×〈前置詞＋who〉とは言えないので注意。（答 ②）

📖 あなたが話したがっている人はあそこに座っています。

👑 前置詞の目的語となる関係代名詞②

( ) で始まる節は、the house を後ろから修飾する関係詞節。( ) は節中で lived の後に続く部分になっているが、live in A（場所）の形で用いるので、〈in ＋目的格の関係代名詞 which〉を用いる。この形では×〈前置詞＋ that〉とは言えないので注意。（答 ②）

📖 これは祖母が若い頃に暮らしていた家だ。

👑 前置詞の目的語となる関係代名詞③

( ) で始まる節は、various ways を後ろから修飾する関係詞節。( ) は節中で approach this problem を説明する副詞句（in various ways）になっているので、〈in ＋目的格の関係代名詞 which〉を用いる。（答 ②）

📖 人がこの問題に取り組むことのできる方法はいろいろある。

👑 前置詞の目的語となる関係代名詞④

( ) で始まる節は、the extent を後ろから修飾する関係詞節。( ) は節中で understands the situation を説明する副詞句（to the extent）になっているので、〈to ＋目的格の関係代名詞 which〉を用いる。（答 ②）

📖 問題は、自分が現在置かれている状況を彼がどの程度理解しているかだ。

まとめてCheck!　前置詞の目的語となる関係代名詞（→102）

① 前置詞は後ろに残るのがふつうで、〈前置詞＋関係代名詞〉の形は書き言葉。

　The person who [whom] you wish to speak to is sitting over there.

② 前置詞が後ろに残る場合、関係代名詞は省略されることもある。

　The person you wish to speak to is sitting over there.

関係詞 ⑥

☑ 106 ☐
This is the restaurant my friend (　　). （芝浦工業大）
① spoke me　　　　　　　　　　② spoke me about
③ spoke to me　　　　　　　　　④ spoke to me about

☑ 107 ☐
(　　) makes you special is your ability to connect with people.
（武庫川女子大）
① It　　　　　② That　　　　　③ What　　　　　④ Which

☑ 108 ☐
This sweater is (　　) I have wanted for a long time. （法政大）
① what　　　　② which　　　　③ that　　　　④ where

☑ 109 ☐
I'm going to take full responsibility for (　　) happened yesterday.
（国士舘大）
① that　　　　② what　　　　③ which　　　　④ whom

☑ 110 ☐
She gave him (　　) information she had. （山梨大）
① which few　　② which little　　③ what few　　④ what little

Words & Phrases

☑ 107　**connect with ～** (～と気持ちが通じ合う)
☑ 109　**take responsibility for ～** (～の責任を取る)

前置詞の目的語となる関係代名詞⑤

my friend （　）は、the restaurant を後ろから修飾する関係詞節で、目的格の関係代名詞が省略された形になっている。speak to A about B「A（人）にBについて話す」のB（aboutの目的語）が関係代名詞になり、省略された形になっている。（答 ④）

🟥 これが、私の友人が私に話したレストランだ。

関係代名詞what①

（　）で始まる節は、文の主語になる名詞節。（　）は節中で主語になっているが、先行詞がないので、**先行詞を含む関係代名詞 what** を用いる。what は「〜すること［もの］」という意味を表し、節中で主語・目的語・補語になる。（答 ③）

🟥 あなたを特別な存在にしているものは、人々と心を通わす能力です。

関係代名詞what②

（　）で始まる節は、文の補語になる名詞節。（　）は節中で wanted の目的語になっているが、先行詞がないので、先行詞を含む関係代名詞 what を用いる。（答 ①）

🟥 このセーターは私が長い間欲しいと思っていたものだ。

関係代名詞what③

（　）で始まる節は、前置詞 for の目的語になる名詞節。（　）は節中で主語になっているが、先行詞がないので、先行詞を含む関係代名詞 what を用いる。（答 ②）

🟥 私は昨日起こったこと［昨日の出来事］に対する全面的な責任を負うつもりです。

関係代名詞what④

（　）で始まる節は、gave の直接目的語になる名詞節。〈**what few ＋数えられる名詞**〉〈**what little ＋数えられない名詞**〉で「少ないながらもすべての〜」という意味を表す。information は数えられない名詞なので、ここでは little を用いる。（答 ④）

🟥 彼女は少ないながらも持っている情報をすべて彼に与えた。

まとめてCheck!	関係代名詞whatで始まる節の働き
① 文中で主語の働きをする（→107）	
② 文中で動詞・前置詞の目的語の働きをする（→109、110）	
③ 文中で補語の働きをする（→108）	

関係詞 ⑦

☑ 111

"Who is this brochure for?" "It's for ( ) wants it."　　　　　(中京大)

① whomever　　② whoever　　③ who　　④ whom

☑ 112

Please give me ( ) information you get as soon as possible.

(センター試験)

① as if　　② even if　　③ whatever　　④ whenever

☑ 113

( ) is elected, our entire group will support that person. (関西学院大)

① Who　　② Whoever　　③ Anyone　　④ Someone

☑ 114

No matter ( ) happens, Mr. Jones will stick to his management
policy.　　　　　(共立女子大)

① how　　② what　　③ whatever　　④ when

☑ 115

Matthew gets nervous ( ) he has to give a presentation.

(北海道医療大)

① whatever　　② whoever　　③ whenever　　④ whichever

Words & Phrases

☑ 111	**brochure** (パンフレット)
☑ 113	**entire** (全体の)
☑ 114	**management** (経営)　**policy** (方針)
☑ 115	**nervous** (緊張して)　**presentation** (発表)

🏱 複合関係代名詞①

( ) で始まる節は、前置詞 for の目的語になる名詞節。( ) は節中で主語になっているが、先行詞がないので、先行詞を含む主格の複合関係代名詞 whoever を用いる。**関係詞に -ever の付いた複合関係代名詞は先行詞を含んでいるので、先行詞なしで用いる。**（答 ②）

📖 「このパンフレットはだれのためのものですか」「だれでも、欲しい方のためのものです」

🏱 複合関係代名詞②

( ) で始まる節は、give の直接目的語になる名詞節。( ) の直後に名詞 information が続いているので、**〈whatever ＋名詞〉**「どのような〜でも」の形を用いる。**〈whichever ＋名詞〉**「どちらの〜でも」という形もある。（答 ③）

📖 あなたが入手した情報は何でも、できるだけすみやかに教えてください。

🏱 複合関係代名詞③

( ) で始まる節は、「だれが〜しても」という譲歩の意味を表す副詞節なので、whoever を用いる。**複合関係代名詞は、副詞節を導いて譲歩の意味を表すことがある。**（答 ②）

📖 たとえだれが選ばれようとも、その人を私たちのグループ全員で支持します。

🏱 複合関係代名詞④

複合関係代名詞の代わりに **〈no matter ＋関係代名詞〉** を使い、副詞節を導き、譲歩の意味を表すこともできる。ここでは、( ) が節中で主語になっているので、先行詞を含む関係代名詞 what を用いる。（答 ②）

📖 たとえ何が起ころうとも、ジョーンズさんは自分の経営方針に固執するだろう。

🏱 複合関係副詞①

( ) で始まる節は、時を表す副詞節になっているので、**whenever**「〜する時はいつでも」を用いる。（答 ③）

📖 マシューはプレゼンテーションをしなくてはならない時はいつも緊張する。

まとめてCheck!	複合関係代名詞の種類
whoever	〈〜する人はだれでも〉〈主格〉
whoever / whomever	〈〜するだれにでも〉〈目的格〉
whichever	〈〜するどちらでも〉
whatever	〈〜するもの[こと]は何でも〉

関係詞 ⑧

116 ( ) you go, I will follow you. (杏林大)
① Wherever ② Whichever ③ Whatever ④ Whoever

117 ( ), I couldn't get the car started. (高知大)
① However I tried hard ② No matter I tried hard
③ However hard I may try ④ No matter how hard I tried

118 Our town is now very different from ( ) it was twenty years ago. (大阪医科大)
① that ② what ③ where ④ which

119 I am fortunate to have found a career that I love, and ( ) is more, I am well paid for it. (実践女子大)
① it ② that ③ what ④ which

120 Food is to the body ( ) reading books is to the mind. (青山学院大)
① how ② what ③ when ④ which

Words & Phrases

☑ 116 **follow** (〜について行く)
☑ 119 **fortunate** (幸運な) **career** (職業、仕事)

👑 複合関係副詞②

( ) で始まる節は、「～だとしても」という譲歩の意味を表す副詞節。文脈から「たとえどこに行こうと」という意味になるとわかるので、**複合関係副詞 wherever** を用いる。**複合関係副詞は、副詞節を導いて譲歩の意味を表すことがある。**（答 ①）

🈁 たとえあなたがどこへ行こうとも、私はあなたについて行きます。

👑 複合関係副詞③

複合関係副詞の代わりに〈**no matter ＋関係副詞**〉を使い、副詞節を導き、譲歩の意味を表すこともできる。ここでは、〈**no matter how ＋副詞[形容詞]**〉「たとえどれほど～でも」を用いる。主節が過去形なので、副詞節も過去形にすることに注意。（答 ④）

🈁 どんなに懸命にやってみても、私は車を発車させることができなかった。

👑 関係代名詞whatを用いた慣用表現①

what S was は「以前の S」という意味を表す慣用表現。what S used to be という表現もある。また、what S is だと「今の S」となる。（答 ②）

🈁 私たちの町は今では 20 年前とは大きく異なる。

👑 関係代名詞whatを用いた慣用表現②

what is more は「そのうえ、さらに」という意味を表す慣用表現。同様の表現に what is worse「さらに悪いことに」がある。（答 ③）

🈁 好きな仕事が見つけられて、私は幸運だ。そのうえその仕事でいい給料をもらっている。

👑 関係代名詞whatを用いた慣用表現③

A is to B what C is to D は「A の B に対する関係は C の D に対する関係と同じである」という意味を表す慣用表現。（答 ②）

🈁 食料の身体に対する関係は、読書の精神に対する関係と同じである。

まとめてCheck!	複合関係副詞の種類
whenever	（～する時はいつでも／いつ～しても）
wherever	（～するところはどこでも／どこへ～しても）
however	（どれほど～しても）

関係詞 ⑨

☑ 121

( ) often the case, the examination results did not meet our expectations. (京都女子大)

① As is   ② Being   ③ Like it is   ④ What is

☑ 122

During a school trip to Kyoto, students should not carry more money ( ) they need. (秋田県立大)

① if   ② but   ③ than   ④ as

☑ 123

There is scarcely a man ( ) has his sore spot. (広島国際大)

① whoever   ② which   ③ but   ④ what

☑ 124

The post was filled by a woman ( ) he thought was very efficient. (創価大)

① who   ② whose   ③ whom   ④ what

☑ 125

Because Jessica has strong beliefs, she always does ( ) is right for her. (大阪教育大)

① that she believes   ② that what she believes
③ what she believes   ④ what she believes that

Words & Phrases

☑ 121	**expectation** (期待)
☑ 123	**sore spot** (触れられたくない話題、弱点)
☑ 124	**post** (職、地位)　**efficient** (有能な)
☑ 125	**belief** (信念)

👑 関係代名詞as、than、butの用法①

as は「〜のように、〜なのだが」という意味を表す、非限定用法の関係代名詞として用いることがある。この用法の as は文全体を先行詞にするが（→ 084）、問題文のように先行詞となる文の前に置かれることもある。（答 ①）

📖 よくあることだが、試験の結果は私たちの期待に沿うものではなかった。

👑 関係代名詞as、than、butの用法②

先行詞が比較級を含む語句の場合、関係代名詞には than を用いる。ここでは more money が先行詞になっている。（答 ③）

📖 京都への修学旅行中、生徒たちは必要以上のお金を持ち歩くべきではない。

👑 関係代名詞as、than、butの用法③

先行詞が否定的な語句を含む場合、関係代名詞に but を用いることがある。ここでは scarcely が否定的な意味を表している。（答 ③）

📖 弱点のない人はほとんどいない。

👑 連鎖関係代名詞節①

関係代名詞の直後に〈S + V〉が入り込んでいる形を**連鎖関係代名詞節**という。ここでは、a woman を先行詞とする関係代名詞 who とその動詞 was の間に he thought が入り込んだ形になっている。（答 ①）

📖 その職には、彼がとても有能だと思う女性が就いた。

👑 連鎖関係代名詞節②

( ) で始まる節は、does の目的語になる名詞節。先行詞がないので、関係代名詞 what を用いる。節中の主語の what と動詞 is の間に she believes が入り込んだ形になっている。連鎖関係代名詞節で間に入る動詞には think、believe、hear、know などがある。（答 ③）

📖 ジェシカは強い信念を持っているので、常に自分にとって正しいと思うことをする。

まとめてCheck! 関係代名詞whatを用いた慣用表現（→118-120）	
what is called	(いわゆる)
what is (more) important	((さらに)重要なことは)
what with A and (what with) B	(AやらBやらのせいで)

接続詞 ①

☑ 126

She couldn't eat anything (　　) she was very hungry. (日本大)

① despite　　　② though　　　③ in spite of　　　④ either

☑ 127

(　　) Tokyo has a relatively small land area, it has a huge population. (センター試験)

① Although　　② But　　③ Despite　　④ However

☑ 128

(　　) Mary joined the project team late, her supervisor is confident that she will fit right in. (北里大・改)

① Despite　　② Even though　　③ Except in　　④ However

☑ 129

I bought plastic cups for the party, so they won't break (　　) the children drop them. (南山大)

① though　　　② despite　　　③ even if　　　④ yet

☑ 130

We must play fair (　　) we win or lose. (中部大)

① if　　　② whether　　　③ which　　　④ whichever

Words & Phrases

☑ 127	**relatively** (比較的)　**huge** (非常に大きな)
☑ 128	**supervisor** (上司)　**confident** (確信している)　**fit in**(なじむ)

👑 譲歩を表す従属接続詞①

though は「〜だが、〜にもかかわらず」という譲歩を表す接続詞。despite と in spite of も譲歩の意味を表すが、前置詞なので後に節は来ない。（答 ②）

📝 彼女はとてもおなかがすいていたけれど、何も食べられなかった。

👑 譲歩を表す従属接続詞②

although は「〜だが、〜にもかかわらず」という譲歩を表す接続詞。though とほぼ同じ意味だが、やや堅い表現。but は等位接続詞。A but B の形で用いるので ×But B, A の形は不可。however は副詞。（答 ①）

📝 東京は土地面積が比較的狭いが、膨大な人口をかかえている。

👑 譲歩を表す従属接続詞③

even though は「〜であるのに」という譲歩を表す接続詞。although より強い意味を表す。（答 ②）

📝 メアリーはプロジェクトチームに後から加わったが、彼女の上司は彼女がすぐになじむと確信している。

👑 譲歩を表す従属接続詞④

even if は「たとえ〜だとしても」という譲歩を表す接続詞。yet も譲歩を表すが、等位接続詞なのでここでは不可。（答 ③）

📝 パーティー用にプラスチックのカップを買ったので、子どもが落としても割れません。

👑 譲歩を表す従属接続詞⑤

whether A or B は「A だろうと B だろうと」という意味を表す。whether A or not「A であろうとなかろうと」という表現もよく使われる。（答 ②）

📝 勝とうが負けようが、私たちはフェアにプレイしなくてはいけない。

まとめてCheck!	譲歩を表す従属接続詞
though / although	（〜だが、〜にもかかわらず）
even though / even if	（〜であるのに / たとえ〜だとしても）
whether A or B	（AだろうとBだろうと）
as	（〜だけれども）

59

接続詞 ②

☑ 131 ☐

Childish (　　) he is, he is still serious about supporting his family financially. (東海大)

① so　　　　② yet　　　　③ as　　　　④ while

☑ 132 ☐

Don't leave this room (　　) you are asked to. (立教大)

① or　　　　② provided　　　　③ unless　　　　④ where

☑ 133 ☐

(　　) you had a large sum of money, how would you spend it? (東北医科薬科大)

① Being supposed　　　　② Suppose

③ Supposed　　　　④ To suppose

☑ 134 ☐

Katy will provide financial support for her son to go to university, (　　) he promises to study hard. (早稲田大)

① however　　② provided　　③ unless　　④ whether

☑ 135 ☐

(　　) you have learned the basics of word processing, switching between different computer programs is quite easy. (自治医科大)

① For　　　　② Once　　　　③ Though　　　　④ While

Words & Phrases

☑ 131　**childish** (子どもっぽい)　**financially** (経済的に)
☑ 134　**provide A for B** (BにAを与える)

譲歩を表す従属接続詞⑥

〈形容詞［副詞］＋ as ＋ SV〉は「〜だけれども」という譲歩を表す堅い表現。〈as ＋ SV ＋形容詞［副詞］〉の形容詞［副詞］が倒置で前に出た形。(答 ③)

訳 彼は子どもっぽいが、それでも家族を経済的に支えようと本気で考えている。

条件を表す従属接続詞①

unless は「〜しないかぎり、もし〜しなければ」という条件を表す接続詞。asked to の後には leave this room が省略されている。(答 ③)

訳 頼まれないかぎり、この部屋を出ないでください。

条件を表す従属接続詞②

suppose (that) 〜は文頭で接続詞的に用いて「もし〜ならば」という意味を表す。supposing (that) 〜も同じような意味を表す。(答 ②)

訳 大金を持っていたら、どのようにそれを使いますか。

条件を表す従属接続詞③

provided (that) 〜は「もし〜ならば」という条件を表す。providing (that) 〜も同じような意味を表す。条件を表す副詞節では、未来のことでも現在形を使うことに注意。(答 ②)

訳 ケイティーは息子が一生懸命に勉強すると約束すれば、彼が大学に行くための経済的な援助をするだろう。

条件を表す従属接続詞④

once は「一度〜すると」という条件を表す接続詞。(答 ②)

訳 一度ワープロの基礎を身につけてしまえば、異なるコンピュータープログラム間の切り替えはごく簡単です。

まとめてCheck!　条件を表すその他の従属接続詞	
assuming (that) 〜	(〜と仮定して、〜とすれば)
in case 〜	(もし〜ならば、〜するといけないから)
given (that) 〜	(〜ということを考慮に入れると)
on (the) condition (that) 〜	(〜という条件で、もし〜ならば)

接続詞 ③

☑ 136

Mark looks very tired. He looks (　　) he needs a good rest.

(金城学院大)

① as if　　　　② despite of　　　③ even though　　④ so that

☑ 137

He can speak (　　) French and Portuguese.　　　　(藤田保健衛生大)

① both　　　　② either　　　　③ neither　　　④ with

☑ 138

A man's worth should be estimated not by his social position (　　) by his character.

(拓殖大)

① than　　　　② as　　　　③ as well　　　④ but

☑ 139

Recent studies show that exercise is good (　　) for health but also for beauty.

(摂南大)

① either　　　　② both　　　　③ with　　　④ not only

☑ 140

(　　) the man nor any of his family ever revealed what had happened that night.

(大東文化大・改)

① Either　　　　② Both　　　　③ Not only　　　④ Neither

Words & Phrases

☑ 138	**worth**（価値）　**estimate**（〜を判断する）　**position**（地位）　**character**（人格）
☑ 140	**reveal**（(秘密など)をもらす）

👑 条件を表す従属接続詞⑤

as if ～は「まるで～のように」という意味を表す。as if で始まる節中では仮定法が用いられるが、内容にある程度確信がある場合は直説法を用いる。（答 ①）

🈯 マークはとても疲れているようだ。彼は十分な休憩を必要としているように見える。

👑 等位接続詞を用いた表現①

both A and B は「A も B も（両方とも）」という意味を表す。and は等位接続詞なので、A と B には文法的に対等な語句を用いる。both A and B は複数扱いになることに注意。（答 ①）

🈯 彼はフランス語とポルトガル語の両方を話せる。

👑 等位接続詞を用いた表現②

not A but B は「A ではなく B」という意味を表す。but は等位接続詞なので、A と B には文法的に対等な語句を用いる。ここでは前置詞句と前置詞句が but で結ばれている。（答 ④）

🈯 人の価値は社会的地位ではなく人格によって判断されるべきだ。

👑 等位接続詞を用いた表現③

not only A but (also) B は「A だけでなく B も」という意味を表す。but は等位接続詞なので、A と B には文法的に対等な語句を用いる。only の代わりに merely、just、simply などを用いることもある。（答 ④）

🈯 最近の研究は、運動は健康のためだけでなく美容にもよいことを示している。

👑 等位接続詞を用いた表現④

neither A nor B は「A も B も～ない」という意味を表す。nor は等位接続詞なので、A と B には文法的に対等な語句を用いる。either A or B は「A か B のどちらか」という意味を表す。（答 ④）

🈯 その男も彼の家族もだれひとりとして、その夜に起こったことを明かさなかった。

まとめてCheck!	等位接続詞を用いた表現
both A and B	（A も B も（両方とも））
either A or B	（A か B のどちらか）
neither A nor B	（A も B も～ない）
not only A but (also) B	（A だけでなく B も）

接続詞 ④

☑ 141
Smith is very cautious. He always looks ( ) he leaps. （法政大）
① when ② during ③ before ④ after

☑ 142
It will not be ( ) we can make a trip to the moon. （松山大）
① long after ② after soon ③ long before ④ before soon

☑ 143
( ) I met John, he was still a college student. （愛知学院大）
① At first ② For the first time
③ In the first ④ The first time

☑ 144
She had reached the rank of chief financial officer ( ) she was 30.
（自治医科大）
① by the time ② every time ③ unless ④ until

☑ 145
( ) the president resigned yesterday is still a secret. （亜細亜大）
① What ② That ③ Who ④ Which

Words & Phrases

☑ 141	**cautious** (用心深い)	
☑ 144	**chief** (最高位の)	
☑ 145	**resign** (辞任する)	

👑 時を表す従属接続詞①

before は「～する前に、～しないうちに」という意味を表す。「跳ぶ前に見る」→「よく考えてから行動する」ということ。Look before you leap.「跳ぶ前に見よ→よく考えてから行動せよ」ということわざがある。(答 ③)

🈂 スミスはとても慎重だ。彼はいつも跳ぶ前に見る。

👑 時を表す従属接続詞②

it will not [won't] be long before ～ は「～するまで長くかからないだろう→まもなく[近いうちに]～するだろう」という意味を表す。(答 ③)

🈂 近いうちに私たちは月旅行ができるようになるだろう。

👑 時を表す従属接続詞③

the first time ～ は「初めて～した時は」という意味を表す、接続詞の働きをする表現。at first「最初は、初めのうちは」、for the first time「初めて」はいずれも副詞の働きをする表現なので、節を導くことはできない。(答 ④)

🈂 私が初めてジョンに会った時、彼はまだ大学生だった。

👑 時を表す従属接続詞④

by the time ～「～するまでに」という期限を表す、接続詞の働きをする表現。until は「～するまで」という状態や動作の継続を表す。(答 ①)

🈂 彼女は 30 歳になるまでに最高財務責任者の地位に上り詰めた。

👑 従属接続詞that①

接続詞 **that** は「～ということ」という**名詞節**を導き、文中で**主語・目的語・補語**になる。ここでは文の主語になっている。( ) の後に続く文には欠けている要素はないので、関係代名詞の what、who、which は不可。(答 ②)

🈂 大統領が昨日辞任したことは、まだ秘密だ。

まとめてCheck!　timeを含む表現	
the first [last] time ～	(初めて[最後に]～した時は)
the next time ～	(次に～した時は)
every time ～	(～する時はいつでも)
by the time ～	(～するまでに)

接続詞 ⑤

☑ 146 ☐
The fact (　　) he passed the exam did not surprise us at all. （天理大）
① about　　② that　　③ what　　④ which

☑ 147 ☐
Humans differ from other animals (　　) they can use language.
（青山学院大）
① in which　　② for which　　③ in that　　④ for that

☑ 148 ☐
Could you please ask him (　　) he'd like to join us for the party?
（天使大）
① which　　② that　　③ what　　④ if

☑ 149 ☐
(　　) we will finish on time depends primarily on the weather.
（昭和大・改）
① If　　② When　　③ How　　④ Whether

☑ 150 ☐
There is some doubt as to (　　) he will be elected president of the
union. （亜細亜大）
① if　　② whether　　③ whom　　④ that

Words & Phrases

☑149　**primarily**（主に）

☑150　**elect A C**（A(人)をCに選ぶ）　**union**（組合）

👑 従属接続詞that②

that で始まる名詞節は、〈名詞＋that 節〉の形で名詞を後ろから説明することがある。このような関係を**同格**という。ここでは、that 節が主語の the fact を後ろから説明している。（答 ②）

📖 彼が試験に合格したという事実は、私たちをまったく驚かせなかった。

👑 従属接続詞that③

in that ～ は「～という点で」という意味を表す、接続詞の働きをする表現。前置詞の後に that 節が続く表現には、ほかに except that ～「～ということを除いて」がある。（答 ③）

📖 人類は言語を使えるという点でほかの動物と異なる。

👑 従属接続詞whether / if①

if は「～かどうか」という意味を表す名詞節を導く。この if 節は文の中で動詞の目的語になる。（答 ④）

📖 私たちといっしょにパーティーに行きたいかどうか、彼に尋ねていただけませんか。

👑 従属接続詞whether / if②

whether は「～かどうか」という意味を表す名詞節を導く。if よりも堅い表現。この whether 節は文中で主語・補語・目的語になる。（答 ④）

📖 私たちが時間どおりに終えられるかどうかは、主に天候次第だ。

👑 従属接続詞whether / if③

whether で始まる名詞節は、文の中で前置詞の目的語になることがある。if で始まる名詞節は前置詞の目的語にはならないことに注意。（答 ②）

📖 彼が労働組合の委員長に選ばれるかどうかについては少し疑問がある。

まとめてCheck!	同格のthat節を従える主な名詞		
belief	（信念）	knowledge	（知識）
thought	（考え）	information	（情報）
news	（ニュース、知らせ）	idea	（考え）
fact	（事実）	possibility	（可能性）

接続詞 ⑥

☑ 151

Information about the scholarship application will be posted on the university website (　　) the information becomes available.　(専修大)

① yet　　　　② as soon as　③ until　　　④ though

☑ 152

The man telephoned his wife (　　) the police left the room.
(広島修道大)

① the timing　② until　　　③ instead of　④ the moment

☑ 153

(　　) had he arrived at the station than a thunderstorm began.
(東京電機大)

① No later　　② No longer　③ No sooner　④ No more

☑ 154

I think I have influenza, (　　) I've made an appointment to see the doctor.　(南山大)

① but　　　　② so　　　　③ because　　④ since

☑ 155

The cake baked by my friend's mother was (　　) tasty that I asked her how she had made it.　(神奈川大)

① very　　　　② such　　　③ too　　　　④ so

Words & Phrases

☑ 151	**scholarship** (奨学金)　**application** (申し込み)　**post** (〜を掲示する)
	available (入手可能な)
☑ 153	**thunderstorm** (激しい雷雨)

👑「〜するとすぐに」の意味を表す表現①

as soon as 〜は「〜するとすぐに」という意味を表す、接続詞の働きをする表現。時を表す副詞節では、未来のことでも現在形を使うことに注意。(答 ②)

📝 奨学金申請に関する情報は、入手可能になり次第、大学のウェブサイトに掲載されるでしょう。

👑「〜するとすぐに」の意味を表す表現②

the moment (that) 〜は「〜するとすぐに」という意味を表す、接続詞の働きをする表現。(答 ④)

📝 男は、警察が部屋から出て行くとすぐに、妻に電話した。

👑「〜するとすぐに」の意味を表す表現③

no sooner had S done ... than 〜は「…したらすぐに〜した」という意味を表す表現。S had no sooner *done* ... than 〜が意味を強めるために倒置された形。(答 ③)

📝 彼が駅に着くとすぐに激しい雷雨が始まった。

👑 結果・程度を表す従属接続詞①

so (that) 〜は「そこで〜、だから〜」という結果を表す。話し言葉ではしばしば that が省略される。(答 ②)

📝 インフルエンザにかかったと思うので、医師に診てもらう予約をした。

👑 結果・程度を表す従属接続詞②

so ... that 〜は「とても…なので〜」という結果や「〜するほどに…」という程度を表す表現。that は省略されることもある。(答 ④)

📝 友だちのお母さんが焼いてくれたケーキがとてもおいしかったので、私は彼女にどうやってそれを作ったのか、尋ねた。

まとめてCheck!	「…するとすぐに」の意味を表すその他の表現

the minute [second / instant] (that) ...
S had hardly [scarcely] *done* ... when [before] 〜
=Hardly [Scarcely] had S *done* ... when [before] 〜

接続詞 ⑦

☑ 156 ☑
It was ( ) question that we couldn't answer it. （芝浦工業大）
① a so difficult
② a such difficult
③ so a difficult
④ such a difficult

☑ 157 ☑
Peter wants to learn to speak Chinese (　　) he can communicate with his business partners in China. （昭和女子大）
① so that　　② therefore　　③ thus　　④ as to

☑ 158 ☑
You should write down your passport number and keep it (　) you lose your passport. （清泉女子大）
① when　　② in case　　③ unless　　④ otherwise

☑ 159 ☑
I watched the strange man for (　) that he should break into my house. （広島国際大）
① afraid　　② being afraid　　③ fearing　　④ fear

☑ 160 ☑
It is true that he is old, (　) he is still strong. （松山大）
① therefore　　② but　　③ thereafter　　④ or

Words & Phrases

☑ 157　**communicate with ~** (~と意思を通じ合う)
☑ 159　**break into ~** (~に押し入る)

📖 結果・程度を表す従属接続詞③

such ... that 〜は「とても…なので〜」という程度を表す。〈a＋形容詞＋名詞〉の形容詞を強調する場合は〈such a＋形容詞＋名詞〉という語順になる。so ... that 〜の場合は〈so＋形容詞＋a＋名詞〉の語順になることに注意。（答 ④）

訳 それはとても難しい問題だったので、私たちは答えられなかった。

📖 目的を表す従属接続詞①

so that S can [may / will] *do* は「S が〜するように」という意味を表す表現。話し言葉ではしばしば that が省略される。（答 ①）

訳 ピーターは中国のビジネスパートナーとコミュニケーションを取れるように、中国語を話せるようになりたいと思っている。

📖 目的を表す従属接続詞②

in case 〜は「〜するといけないから、〜する場合に備えて」という意味を表す表現。in case で始まる節では未来のことでも現在形を使うことに注意。（答 ②）

訳 パスポートをなくした場合に備えて、パスポート番号を書き留めて持っていたほうがいいですよ。

📖 目的を表す従属接続詞③

for fear (that) 〜は「〜しないように、〜するといけないから」という意味を表す表現。that 節では should、might、would などの助動詞を用いる。（答 ④）

訳 私はその見知らぬ男が家に押し入って来ないように見張った。

📖 等位接続詞①

A **but** B は「A しかし B」という意味を表す等位接続詞。A と B には文法的に対等な語句を用いる。It is true that ..., but 〜 . は「なるほど…だが〜」という譲歩を表す慣用表現。（答 ②）

訳 なるほど彼は年を取っているが、まだ屈強だ。

まとめてCheck!	目的を表す従属接続詞
so (that) S can [may / will] *do*	(Sが〜するように) (→157)
in order that S can [may / will] *do*	(Sが〜するように)
in case 〜	(〜するといけないから、〜する場合に備えて) (→158)
for fear (that) 〜	(〜しないように、〜するといけないから) (→159)

接続詞 ⑧

☑ 161

Please hurry up, (　　) we'll miss our flight. （大阪薬科大）

① or　　　　　② and　　　　　③ but　　　　　④ when

☑ 162

It is clear that he never intended to violate the law, (　　) did he ever intend to cheat anyone. （玉川大）

① or　　　　　② nor　　　　　③ either　　　　　④ so

☑ 163

(　　) Mr. Kimura is new to this kind of work, he may need some help from you. （東京経済大）

① When　　　　② Since　　　　③ As if　　　　④ Unless

☑ 164

We have three empty rooms (　　) the children have moved out. （日本大）

① now that　　　② that's why　　　③ unless　　　④ as far as

☑ 165

He seems to have recovered from the injury (　　) we could see. （中央大）

① as far as　　② as long as　　③ as much as　　④ as soon as

Words & Phrases

☑ 162	**violate** ((法律など)を犯す)　**cheat** (〜をだます)
☑ 163	**be new to 〜** (〜に慣れていない)
☑ 164	**move out** (引っ越して行く)
☑ 165	**recover from 〜** (〜から回復する)

👑 等位接続詞②

〈命令文 , or ...〉は「〜しなさい、そうしないと…」という意味を表す。〈命令文 , and ...〉だと「〜しなさい、そうすれば…」という意味になる。（答 ①）

🗎 急いでください、そうしないと私たちは飛行機に乗り遅れてしまいます。

👑 等位接続詞③

〈nor ＋助動詞＋ S ＋動詞の原形〉は「S はまた〜ない」という意味を表す。nor の後は〈助動詞＋ S ＋動詞の原形〉と倒置の語順になっていることに注意。（答 ②）

🗎 彼には法を犯すつもりはまったくなかったし、だれかをだますつもりも決してなかったことは明らかだ。

👑 理由を表す従属接続詞①

since は「〜なので」という理由を表す。ふつう相手が理由を知っている場合に用い、文頭に来ることが多い。相手が理由を知らない場合は because を用いる。（答 ②）

🗎 キムラさんはこの種の仕事には不慣れなので、あなたたちの助けが必要かもしれません。

👑 理由を表す従属接続詞②

now (that) 〜は「今や〜なので」という理由を表す。話し言葉では that が省略されることがある。（答 ①）

🗎 今ではもう子どもたちが出て行ったので、私たちには空き部屋が3つある。

👑 as [so] far as 〜と as [so] long as 〜①

as [so] far as 〜は「〜するかぎりでは、〜する範囲内では」という範囲を表す。条件を表す as [so] long as 〜と混同しないよう注意。（答 ①）

🗎 私たちが見たかぎりでは、彼はけがから回復したようだ。

まとめてCheck!	理由を表す従属接続詞
because	相手が理由を知らない場合に用いる。
since	理由を知っている場合に用いる。文頭に来ることが多い。
as	sinceと同じく、理由を知っている場合に用いる。
now (that) 〜	「今や〜なので」という理由を表す。

接続詞 ⑨

166 You may borrow my bicycle (　　) you are careful with it.　(関西学院大)
① as long as　　② despite　　③ even if　　④ expecting

167 I cannot accept the appointment, (　　) I appreciate the honor. (立教大)
① or　　② since　　③ so　　④ while

168 Fourteen million people visit Japan annually (　　) seventeen million Japanese travel overseas.　(岐阜聖徳大)
① while　　② if　　③ moreover　　④ nevertheless

169 (　　) he came to know her better, he relied on her more.　(成城大)
① Though　　② As　　③ For　　④ If

170 Who touched my desk? I said, "Leave it (　　) it is."　(新潟医療福祉大)
① as　　② if　　③ that　　④ when

Words & Phrases

☑ 167	**appointment** (任命)　**appreciate** (〜に感謝する)　**honor** (光栄)
☑ 169	**rely on 〜** (〜に頼る)

👑 as [so] far as ～とas [so] long as ～②

as [so] long as ～ は「～するかぎりは、～しさえすれば」という**条件**を表す。範囲を表す **as [so] far as ～** と混同しないよう注意。（答 ①）

📖 慎重に扱ってくれさえすれば、私の自転車を借りてもいいですよ。

👑 従属接続詞while①

while は「～する間に」という時を表す以外に、「～なのに、～だが」という**譲歩**を表す用法もある。（答 ④）

📖 光栄には思いますが、任命は受諾できません。

👑 従属接続詞while②

while は「～する間に」という時を表す以外に、「～なのに対して、一方で～」という**対比**を表す用法もある。（答 ①）

📖 毎年 1400 万人が日本を訪れる一方で、1700 万人の日本人が海外旅行をしている。

👑 従属接続詞as①

as にはさまざまな用法があるが、時を表す接続詞として用いる場合、「～につれて」という**同時進行**の意味を表す。（答 ②）

📖 彼は彼女のことがよりよくわかってくるにつれて、彼女をより頼るようになった。

👑 従属接続詞as②

as には「～のように、～するとおりに」という**様態**を表す用法もある。（答 ①）

📖 だれが私の机に触ったの？ 「そのままにしておいて」って言ったでしょう。

まとめてCheck! 接続詞asのその他の用法
① 時を表す（～する時、～しながら）
② 理由を表す（～だから）
③ 譲歩を表す（～だけれども）

時制 ①

☑ 171 □ Mary's sister and my sister (　　) good friends since childhood and they are still talking every day on the phone.　　　　　　　（国士舘大）

① was　　　　② were　　　　③ has been　　　　④ have been

☑ 172 □ He (　　) in an airplane three times before.　　　　　　　（神戸学院大）

① flies　　　　② flying　　　　③ flowed　　　　④ has flown

☑ 173 □ Have you ever (　　) any famous musician?　　　　　　　（会津大）

① meet　　　　② met　　　　③ meeting　　　　④ being met

☑ 174 □ I ordered a computer on the Internet a week ago, but it (　　) yet.　　　　　　　（福岡大）

① hadn't arrived　　　　　　　② hasn't been arrived

③ isn't arrived　　　　　　　④ hasn't arrived

☑ 175 □ Sir, I think (　　) your umbrella!　　　　　　　（熊本県立大）

① you've forgotten　　　　　　② you forget

③ you forgotten　　　　　　　④ you've forget

Words & Phrases

☑ 171　**childhood**（子どもの頃）

☑ 172　**fly**（飛行機で行く）

🔲 完了形①

「子どもの頃から現在までずっと親友だ」という**現在までの状態の継続**を表しているので、**現在完了形〈have［has］＋過去分詞〉**を用いる。主語は Mary's sister and my sister の2人（複数）なので、has been は不可。（答 ④）

🈞 メアリーのお姉さんと私の姉は子どもの頃から親友で、今でも毎日電話で話している。

🔲 完了形②

「以前に3回飛行機に乗ったことがある」という**現在までの経験**を表しているので、**現在完了形**を用いる。（答 ④）

🈞 彼は以前に飛行機に3回乗ったことがある。

🔲 完了形③

「今までに〜したことがありますか」という**現在までの経験**を尋ねているので、**現在完了形の疑問文〈Have ＋ S ＋ ever ＋過去分詞 ?〉**を用いる。経験を表す現在完了形の疑問文では、ever（今までに）を伴うことが多い。（答 ②）

🈞 あなたは今までにだれか有名なミュージシャンに会ったことがありますか。

🔲 完了形④

「注文したコンピューターがまだ届いていない」というまだ完了していないことを表しているので、**完了・結果を表す現在完了形の否定文**を用いる。yet は否定文では「まだ（〜ない）」という意味を表し、しばしば完了形とともに用いられる。（答 ④）

🈞 私は1週間前にインターネットでコンピューターを注文したが、まだ届いていない。

🔲 完了形⑤

「傘を忘れた→その結果、今、傘を持っていない」という結果を表しているので、**現在完了形**を用いる。（答 ①）

🈞 お客様、傘をお忘れだと思いますが！

まとめてCheck!	完了・結果を表す完了形で使われる語句
already	（すでに）
just	（ちょうど）
yet	（（疑問文で）もう、（否定文で）まだ）

時制 ②

☑ 176
☐

They (　　　) married for ten years when they had their first baby.

(神戸学院大・改)

① are　　　　　② had been　　　　③ have　　　　④ have been

☑ 177
☐

Jane didn't want to go to the movie theater because she (　　　) the movie twice.　(北海道医療大)

① has seen　　　　　　　　② has been seen

③ will have seen　　　　　④ had seen

☑ 178
☐

I slept in today until 10 A.M. When I got up, everyone (　　　) and I was alone.　(昭和女子大)

① has already left　　　　② would have already left

③ had already left　　　　④ was already left

☑ 179
☐

When they got home yesterday, they found that someone (　　　) into their house.　(清泉女子大)

① broke　　　　　　　② has broken

③ had broken　　　　④ had being broken

☑ 180
☐

Our English teacher, Shirley, (　　　) in Japan for 12 years by next September.　(南山大)

① will have lived　　　　② is going to live

③ has lived　　　　　　　④ will live

Words & Phrases

☑ 178　**sleep in** (寝坊する)

☑ 179　**break into ~** (~に押し入る)

🔲 完了形⑥

「最初の赤ちゃんが生まれた時点まで 10 年間結婚していた」という**過去のある時点までの状態の継続**を表しているので、**過去完了形〈had ＋過去分詞〉**を用いる。（答 ②）

🔳 彼らに最初の赤ちゃんが生まれた時、彼らは結婚して 10 年になっていた。

🔲 完了形⑦

「映画館に行きたくなかったという時点までにその映画を 2 回見たことがあった」という**過去のある時点までの経験**を表しているので、**過去完了形**を用いる。（答 ④）

🔳 ジェーンはその映画を 2 回見たことがあったので、映画館に行きたくなかった。

🔲 完了形⑧

「私が起きた時点でみんなもう家を出てしまっていた」という**過去のある時点での動作の完了**を表しているので、**過去完了形**を用いる。（答 ③）

🔳 私は今日、午前 10 時まで寝過ごした。起きた時、みんなもう出かけていて、私はひとりぼっちだった。

🔲 完了形⑨

「だれかが彼らの家に侵入した」のは「彼らが気づいた」ときより前のこと。**過去よりさらに前のことは過去完了形で表す**。この用法を**大過去**という。（答 ③）

🔳 昨日、家に着いた時、彼らはだれかが家に押し入ったことに気づいた。

🔲 完了形⑩

「今度の 9 月で 12 年間日本に住んでいることになる」という**未来のある時点までの状態の継続**を表しているので、**未来完了形〈will have ＋過去分詞〉**を用いる。（答 ①）

🔳 私たちの英語のシャーリー先生は今度の 9 月で日本に 12 年間住んでいることになる。

まとめてCheck!	継続を表す完了形で使われる表現
for	（～の間）
since	（～以来）
How long ～?	（どのくらいの間～）

時制 ③

☑ 181

He ( ) to Japan four times if he goes there again. （芝浦工業大）

① will be
② will have been
③ has been
④ has gone

☑ 182

We're too late! The plane ( ) by the time we get there! （慶應義塾大）

① had taken off
② have taken off
③ will have been taking off
④ will have taken off

☑ 183

Will you ( ) next Sunday? （愛知医科大）

① get your essay finish by
② be finished your essay till
③ have finished your essay by
④ have been finished with your essay till

☑ 184

Please tell him to give me a call as soon as he ( ) back. （創価大）

① gets
② got
③ get
④ will get

☑ 185

He is not at his desk at the moment. Will you wait till he ( ) back?

（駒沢女子大）

① came
② comes
③ was coming
④ will come

Words & Phrases

☑ 182	**take off**	(離陸する)
☑ 183	**essay**	(レポート、作文)

🏷 完了形⑪

「また行くと 4 回日本に行ったことになる」という**未来のある時点での経験**を表しているので、**未来完了形**を用いる。if 節は条件を表す副詞節なので、現在形が使われていることに注意。（答 ②）

🈲 彼は今度日本に行けば 4 回そこに行ったことになる。

🏷 完了形⑫

「私たちがそこに着くまでには飛行機が離陸してしまっている」という**未来のある時点における完了・結果**を表しているので、**未来完了形**を用いる。by the time で始まる節は時を表す副詞節なので、現在形が使われていることに注意。（答 ④）

🈲 私たち、間に合わないよ！　そこに着くまでに飛行機は離陸してしまっているよ！

🏷 完了形⑬

「今度の日曜日までにレポートを書き終える」という**未来のある時点での動作の完了**を表しているので、**未来完了形**を用いる。疑問文は〈Will ＋ S ＋ have ＋過去分詞 ?〉の形になる。（答 ③）

🈲 あなたは今度の日曜日までにレポートを書き終わりますか。

🏷 時を表す副詞節①

as soon as「〜するとすぐに」は時を表す副詞節を導く。**時を表す副詞節では、未来のことでも現在時制で表す。**ここでは主語が he なので、現在形は三単現の s の付いた gets になることに注意。（答 ①）

🈲 彼に、戻り次第私に電話するように言ってください。

🏷 時を表す副詞節②

until / till「〜まで」は時を表す副詞節を導く。**時を表す副詞節では、未来のことでも現在時制で表す。**（答 ②）

🈲 彼は今、席を離れています。彼が戻ってくるまで待たれますか。

まとめてCheck!	経験を表す完了形で使われる語句		
once	（一度）	twice	（二度）
〜 times	（〜度）	ever	（（疑問文で）今までに）
never	（一度も〜ない）	before	（以前に）

時制 ④

☑ 186

Don't worry. By the time you (　　　) there, the sky will clear up!

(北海道文教大)

① arrive　　　　② to arrive　　　　③ arriving　　　　④ will arrive

☑ 187

I'll call you tomorrow after I (　　　) my report.　　　(國學院大)

① completed　　　　　　　　② had completed

③ have completed　　　　　　④ will complete

☑ 188

He told me he'd be here at about seven. Anyway, I'll tell you when he
(　　　).　　　(九州ルーテル大)

① came　　　　② comes　　　　③ will come　　　　④ would come

☑ 189

We're wondering when he (　　　) that he made a mistake in the
process of conducting the experiment.　　　(亜細亜大)

① will realize　　② realizing　　③ was realized　　④ realizes

☑ 190

I don't know if the weather will be fine tomorrow, but if it (　　　), I'll
have to do the washing.　　　(広島国際大)

① is　　　　② will be　　　　③ was　　　　④ would be

Words & Phrases

☑ 186	**clear up** (晴れ渡る)	
☑ 187	**complete** (〜を仕上げる)	
☑ 189	**conduct** (〜を行う)　**experiment** (実験)	
☑ 190	**do the washing** (洗濯をする)	

👑 時を表す副詞節③

by the time「〜する時までに」は時を表す副詞節を導く。**時を表す副詞節では、未来のことでも現在時制で表す。**（答 ①）

訳 心配しないで。あなたがそこに着くまでに空は晴れ上がりますよ！

👑 時を表す副詞節④

after「〜した後に」は時を表す副詞節を導く。**時を表す副詞節では、未来のことでも現在時制で表す。**ここでは現在完了形を用いている。（答 ③）

訳 明日、レポートを仕上げてしまったら、あなたに電話します。

👑 when節・if節中の時制①

when「〜する時」は時を表す副詞節を導く。**時を表す副詞節では、未来のことでも現在時制で表す。**（答 ②）

訳 彼は私に7時頃ここに来ると言っていました。とにかく、彼が来たらあなたにお伝えします。

👑 when節・if節中の時制②

when は「いつ〜するか」という意味を表す名詞節を導くことがある。この場合は、未来のことは〈will ＋動詞の原形〉で表すことに注意。（答 ①）

訳 いつになったら彼は実験を行う過程で自分がミスを犯したことに気づくのだろうか。

👑 when節・if節中の時制③

if「もし〜なら」は条件を表す副詞節を導く。**条件を表す副詞節では、未来のことでも現在時制で表す。**（答 ①）

訳 明日晴れるかどうかわからないが、もし晴れたら、洗濯をしなくてはいけない。

まとめてCheck!	時を表す副詞節を導く接続詞
after	（〜した後で）
before	（〜する前に）
while	（〜している間に）
as	（〜する時、〜しながら）

時制 ⑤

☑ 191

We don't know if he (　　) in time for the party tomorrow. （天理大）

① arrives　　　② has arrived　　③ will arrive　　④ would arrive

☑ 192

I often (　　) old movies from my childhood on TV. （東海大）

① watch　　　② watching　　③ am watched　　④ to watch

☑ 193

Refrigerating meat (　　) the spread of bacteria and germs. （専修大）

① is delayed　　② delaying　　③ to delay　　④ delays

☑ 194

Mary, Tom and Bob (　　) the 10:30 bus from Tokyo to Osaka the day before yesterday. （長野大）

① has taken　　② take　　　③ took　　　④ are taking

☑ 195

Many Japanese students do not know that William Shakespeare (　　) in 1564. （駒澤大）

① was born　　　　　　　② is born

③ had been born　　　　④ have been born

Words & Phrases

☑ 193　**refrigerate (～を冷蔵する)**

☑ 194　**the day before yesterday (おととい)**

🎩 when節・if節中の時制④

if は「〜かどうか」という意味を表す名詞節を導くことがある。この場合、未来のことは〈will ＋動詞の原形〉で表すことに注意。(答 ③)

📖 明日、彼がパーティーに間に合うよう到着するかどうか、私たちにはわからない。

🎩 基本時制（現在・過去・未来）①

「テレビで古い映画を見る」のは現在の習慣的な行為。**現在の習慣的な動作は現在形で表す。**(答 ①)

📖 私は子どもの頃に見た古い映画をよくテレビで見る。

🎩 基本時制（現在・過去・未来）②

「肉を冷蔵すればバクテリアや細菌の増殖が遅くなる」のは過去でも現在でも変わらない事実。**一般的な事実は現在形で表す。** 文の主語は refrigerating meat「肉を冷蔵すること」という動名詞句。動名詞句は三人称単数扱いになることに注意。(答 ④)

📖 肉を冷蔵するとバクテリアや細菌の増殖が遅くなる。

🎩 基本時制（現在・過去・未来）③

文末に the day before yesterday（おととい）とあるので、過去の出来事だとわかる。**過去の出来事は過去形で表す。**(答 ③)

📖 メアリーとトムとボブはおととい、10 時半の東京発大阪行きのバスに乗った。

🎩 基本時制（現在・過去・未来）④

主節は現在形だが、that 節はシェイクスピアが生まれた 1564 年という過去の出来事を表している。**歴史上の出来事は過去形で表す。**(答 ①)

📖 多くの日本の学生はウィリアム・シェイクスピアが 1564 年の生まれであることを知らない。

まとめてCheck!	条件を表す副詞節を導く接続詞
unless	(もし〜でなければ)
in case	(〜する場合に備えて、〜するといけないので)
provided / providing	(もし〜ならば)
supporting	(もし〜ならば)

時制 ⑥

196

I saw that the car went too fast and (　　) the fence. 　　　　(会津大)

① was hit　　　② hitting　　　③ hit　　　④ hits

197

We learned that water (　　) at 100℃. 　　　　(群馬パース大)

① is boiling　　　② will boil　　　③ would boil　　　④ boils

198

I wonder what the weather (　　) like next weekend. 　　　　(学習院大)

① has been　　　② is being　　　③ is to be　　　④ will be

199

The train was about (　　) when I arrived at the platform. 　　　　(畿央大)

① left　　　② leave　　　③ leaving　　　④ to leave

200

The economy (　　) at the slowest rate for the last few years. 　　　　(東洋大)

① is grown　　　　　　　　② is growing

③ had grown　　　　　　　④ has been growing

Words & Phrases

☑ 197　**boil** (沸騰する)
☑ 198　**What is A like?** (Aはどんなもの[ふう]か)

☐ 基本時制（現在・過去・未来）⑤

主節の動詞が過去形になると、それに合わせて従属節の動詞も過去形になることを**時制の一致**という。ここでは、主節の動詞が saw と過去形になっているので、従属節の動詞も過去形にする。hit（〜に衝突する）の過去形・過去分詞形は hit。（答 ③）

訳 私は車がスピードを出し過ぎてフェンスにぶつかるのを見た。

☐ 基本時制（現在・過去・未来）⑥

「水が 100 度で沸騰する」のは**過去でも現在でも変わらない事実**なので、**現在形で表す**。主節が過去形でも、このような場合は時制の一致は受けないことに注意。（答 ④）

訳 私たちは、水は 100 度で沸騰すると習った。

☐ 基本時制（現在・過去・未来）⑦

文末に next weekend（今度の週末）とあるので、未来のことだとわかる。**未来のことは〈will ＋動詞の原形〉で表す。**（答 ④）

訳 今度の週末の天気はどうなるだろうか。

☐ 基本時制（現在・過去・未来）⑧

be about to do は「まさに［まもなく］〜しようとしている［〜するところだ］」という差し迫った未来を表す。（答 ④）

訳 私が駅のホームに着いた時、列車はまさに出発しようとしていた。

☐ 完了進行形①

「ここ数年の間、成長している」という**現在までの動作の継続**を表しているので、**現在完了進行形〈have [has] been *doing*〉**を用いる。（答 ④）

訳 ここ数年の間、経済は最も遅い速度で成長している。

まとめてCheck!　時制の一致を受けない場合
① 変わらない事実 → 従属節は現在形のまま（→ 197）
② 現在の習慣的な行為 → 従属節は現在形のまま
③ 歴史上の事実 → 従属節は過去形のまま（→ 195）
④ 仮定法 → 従属節は仮定法のまま

時制 ⑦

☑ 201
☐

She ( ) TV for half an hour when someone knocked at the door.

(獨協大)

① is watching
② has been watching
③ had been watching
④ would be watching

☑ 202
☐

How long ( ) in Chicago when you decided to move to New York?

(日本大)

① did you live
② had you been living
③ are you living
④ you have been living

☑ 203
☐

The semester course ( ) for three weeks by the time you're able to join us on October 1st. So I'll fill you in on what you have missed at that time.

(北里大・改)

① will run
② would run
③ has been run
④ will have been running

☑ 204
☐

My wife and I ( ) each other since we were in high school.

(慶應義塾大)

① got to know
② have been knowing
③ have known
④ know

☑ 205
☐

Why don't you believe me? I ( ) you the truth!

(山梨大)

① tell
② am telling
③ should tell
④ can tell

Words & Phrases

☑ 203 **semester** ((2学期制の)学期) **run**((事が)進む) **fill ～ in**(～に情報を知らせる)

👑 完了進行形②

「**だれかがドアをノックした時まで30分間テレビを見ていた**」という**過去のある時点までの動作の継続**を表しているので、**過去完了進行形〈had been *doing*〉**を用いる。（答 ③）

訳 だれかがドアをノックした時、彼女は30分間テレビを見ていた。

👑 完了進行形③

「**引っ越しを決意するまでにどのくらいシカゴに住んでいたか**」という**過去のある時点までの動作の継続**を尋ねているので、**過去完了進行形の疑問文〈Had ＋ S ＋ been *doing*?〉**を用いる。（答 ②）

訳 ニューヨークに引っ越そうと決意した時、シカゴにどれくらい住んでいたのですか。

👑 完了進行形④

「**10月1日まで3週間、今期の課程が進んでいる**」という**未来のある時点までの動作の継続**を表しているので、**未来完了進行形〈will have been *doing*〉**を用いる。（答 ④）

訳 10月1日にあなたが私たちに加われるようになるまでに、今期の課程は3週間進んでいることになります。ですから、あなたが欠席した分についてはその時に私がお伝えしましょう。

👑 完了進行形⑤

「**高校時代からずっとお互いを知っている**」という**現在までの状態の継続**を表しているので、**現在完了形**を用いる。know などの状態動詞は、原則として進行形にできないので注意。（答 ③）

訳 妻と私は高校時代からお互いを知っている。

👑 進行形①

「**今、目の前にいる相手に向かって話している**」という**現在進行中の動作**を表しているので、**現在進行形〈be 動詞＋ *doing*〉**を用いる。（答 ②）

訳 どうして私の言うことを信じてくれないの？ 私は本当のことを言っているのに！

まとめてCheck!	進行形にできない動詞 ①		
believe	（～を信じる）	know	（～を知っている）
like	（～が好きだ）	love	（～を愛している）
need	（～を必要としている）	remember	（～を覚えている）
understand	（～を理解している）	want	（～が欲しい）

時制 ⑧

☑ 206

I ( ) dinner at this time yesterday, but today I'm still working in my office. (桜花学園大)

① will have eaten　　　　　② was eating

③ would eat　　　　　　　④ might be eating

☑ 207

At this time tomorrow, I ( ) to Paris. (立命館大)

① had been traveling　　　② have traveled

③ traveled　　　　　　　　④ will be traveling

☑ 208

( ) today, or has she already arrived? (日本大)

① Will Zelda have come　　② Did Zelda come

③ Is Zelda coming　　　　④ Has Zelda come

☑ 209

As she was successful in the examination, Hiroko ( ) to the university next spring. (愛知学院大)

① go　　　　　　　　　　② went

③ will be going　　　　　④ will have been

☑ 210

I ( ) in Singapore for two years when I was a child. (千葉工業大)

① have lived　　　　　　② have been living

③ lived　　　　　　　　④ had been lived

Words & Phrases

☑ 209　**be successful in ~** (~に成功する)

進行形②

「昨日の今頃は食事をとっていた」という**過去のある時点に進行中だった動作**を表しているので、**過去進行形〈was [were] *doing*〉**を用いる。（答 ②）

訳 昨日の今頃は夕食をとっていたのに、今日はまだオフィスで働いている。

進行形③

「明日の今頃はパリへと旅行している」という**未来のある時点に進行中の動作**を表しているので、**未来進行形〈will be *doing*〉**を用いる。（答 ④）

訳 明日の今頃、私はパリへと旅行しているだろう。

進行形④

現在進行形は、近い未来の予定を表すことがある。すでに準備が進んでいるような場合に用いる。ここでは疑問文〈be 動詞＋S＋*doing* ?〉になっている。（答 ③）

訳 ゼルダは今日来る予定だっけ？　それとも、もう到着しているのかな？

進行形⑤

未来進行形は、すでに決まっている未来の予定を表すことがある。成り行きで確実にそうなるという場合に用いる。（答 ③）

訳 ヒロコは試験に合格したので、来春は大学に行くことになっている。

現在完了形とともに用いることができない表現①

「子どもの頃」という特定の過去の時点を表しているので、過去形を用いる。**現在完了形は、特定の過去を表す表現とともに用いることはできない**ので注意。（答 ③）

訳 私は子どもの頃、2 年間シンガポールに住んでいた。

まとめてCheck!	現在完了形とともに使うことができない表現		
〜 ago	（〜前）	yesterday	（昨日）
last week	（先週）	last month	（先月）
last year	（去年）	in 2015	（2015年に）
When 〜?	（いつ〜したか）		

時制 ⑨

☑ 211

When (　　) Mr. Bean? (札幌大)

① have you met
② have met you
③ you did meet
④ did you meet

☑ 212

It (　　) three years since we met at college. (東洋大)

① passed　　② has passed　　③ has been　　④ were

☑ 213

Three months (　　) since I left my home in Hiroshima. (中部大)

① passing　　② will pass　　③ have passed　　④ pass

☑ 214

My son (　　) to a baseball team which has been chosen for the national championship. (亜細亜大)

① has been belonging
② belongs
③ belonging
④ is belonging

☑ 215

This product (　　) no added chemicals. (青山学院大)

① contains
② is containing
③ have contained
④ has been containing

Words & Phrases

☑ 214　**championship** (選手権)
☑ 215　**chemical** (化学物質)

📖 現在完了形とともに用いることができない表現②

When「いつ（〜したか）」という過去のことを尋ねているので、過去形を用いる。**現在完了形は、特定の過去を表す表現とともに用いることはできない**ので注意。（答 ④）

📝 いつビーンさんに会ったのですか。

📖 時間の経過の表現①

〈it has been＋期間＋since 〜〉は「〜してから（期間）になる」という時間の経過を表す表現。since で始まる節では過去形を用いることに注意。（答 ③）

📝 私たちが大学で出会ってから3年になる。

📖 時間の経過の表現②

〈期間＋have passed since 〜〉は「〜してから（期間）が過ぎた」という時間の経過を表す表現。since で始まる節では過去形を用いることに注意。（答 ③）

📝 私が広島の家を出てから3か月経った。

📖 進行形にできない動詞①

belong は「所属している」という意味を表す状態動詞。**状態動詞は原則として進行形にできない**ことに注意。（答 ②）

📝 私の息子は全国選手権に選ばれた野球チームに所属している。

📖 進行形にできない動詞②

contain は「〜を含んでいる」という意味を表す状態動詞。状態動詞は原則として進行形にできないことに注意。ここでは現在の状態を述べているので、完了形ではなく現在形を用いる。（答 ①）

📝 この製品は添加化学物質をまったく含んでいない。

まとめてCheck!	進行形にできない動詞 ②		
hear	（〜が聞こえる）	see	（〜が見える）
depend on 〜	（〜次第だ、〜に依存する）	have	（〜を持っている）
own	（〜を所有している）	remain	（〜のままだ）
resemble	（〜に似ている）	seem	（〜と思える）

93

RANK A の学習記録をつける

学んだことを定着させるには、「くりかえし復習すること」がたいせつです。RANK A の学習を一通り終えたら、下の学習記録シートに日付を書きこみ、履歴を残しましょう。

	1	2	3	4	5
動詞の語法 (001-080)	╱	╱	╱	╱	╱

	1	2	3	4	5
関係詞 (081-125)	╱	╱	╱	╱	╱

	1	2	3	4	5
接続詞 (126-170)	╱	╱	╱	╱	╱

	1	2	3	4	5
時制 (171-215)	╱	╱	╱	╱	╱

MEMO

RANK

B

頻出の英文法・語法

RANK B に掲載されているのは、入試で問われることの多い英文法・語法です。ここまでの項目をおさえると、入試の英文法問題の 80%以上をカバーすることができます。準動詞（不定詞・動名詞・分詞）については、不定詞と動名詞など、項目間の使い分けを問われることも多いので、まとめて確認しておきましょう。

仮定法 ①

☑ 216

I would certainly have bought a better computer if I (　　) enough money. （立命館大）

① had had
② have had
③ would have
④ would have had

☑ 217

You helped our work greatly. If we had not hired you, it (　　) us another two months to finish this difficult work. （大阪教育大）

① had taken
② has taken
③ would take
④ would have taken

☑ 218

We (　　) if I hadn't made a big mistake. I'm very sorry. （東京造形大）

① might have won
② will have won
③ could win
④ were able to win

☑ 219

Last year I entered my second choice university, but I still believe I (　　) my first choice university if I had studied much harder in my high school days. （天使大）

① can enter
② could enter
③ could entered
④ could have entered

☑ 220

What (　　) if the man hadn't helped you? （東邦大）

① you would do
② would you have done
③ you would have done
④ will you have done

Words & Phrases

☑ 217	**hire**	(〜を雇う)
☑ 218	**make a mistake**	(ミスをする)

☐ 仮定法過去完了①

過去の事実に反することを仮定する場合は、**仮定法過去完了〈if ＋ S ＋ had ＋過去分詞〉**を用いる。ここでは、過去にコンピューターを買った時に「十分なお金を持っていたら」と仮定している。（答 ①）

訳 十分なお金を持っていたら間違いなくもっといいコンピューターを買っていたのだが。

☐ 仮定法過去完了②

仮定法過去完了では、**主節の動詞は〈助動詞の過去形＋ have ＋過去分詞〉**を用いる。ここでは〈**would have ＋過去分詞**〉を用いて「〜しただろうに」という意味を表している。（答 ④）

訳 あなたは私たちの仕事を大いに手伝ってくれました。あなたを雇わなかったら、私たちはこの困難な仕事を終えるのにもう 2 か月かかっていたでしょう。

☐ 仮定法過去完了③

if 節は仮定法過去完了なので、主節の動詞には〈助動詞の過去形＋ have ＋過去分詞〉を用いる。ここでは〈**might have ＋過去分詞**〉を用いて「〜したかもしれない」という意味を表している。（答 ①）

訳 私が大きなミスをしなければ、私たちは勝っていたかもしれない。本当にすみません。

☐ 仮定法過去完了④

if 節は仮定法過去完了なので、主節の動詞には〈助動詞の過去形＋ have ＋過去分詞〉を用いる。ここでは〈**could have ＋過去分詞**〉を用いて「〜できただろうに」という意味を表している。（答 ④）

訳 去年、私は第二志望の大学に入ったが、高校時代にもっと一生懸命に勉強していたら第一志望の大学に入れたと、今でも思っている。

☐ 仮定法過去完了⑤

仮定法過去完了の疑問文は〈助動詞の過去形＋ S ＋ have ＋過去分詞 ?〉の語順になる。ここでは疑問詞 what の後に疑問文が続いている。（答 ②）

訳 その男性が助けてくれなかったら、あなたはどうしていたのですか。

まとめてCheck!　仮定法過去完了	
if＋S＋had＋過去分詞, S'＋would have＋過去分詞	（もし〜だったら…しただろうに）
if＋S＋had＋過去分詞, S'＋could have＋過去分詞	（もし〜だったら…できただろうに）
if＋S＋had＋過去分詞, S'＋might have＋過去分詞	（もし〜だったら…したかもしれない）

仮定法 ②

221 ( ) I known they would choose the captain of the tennis team today, I would not have missed the meeting. (南山大)

① Had ② Whether ③ Should ④ If

222 ( ) you have any questions, feel free to contact me. (立教大)

① Ought ② Should ③ Will ④ Would

223 ( ) we to give up now, all our efforts would be wasted. (桜花学園大)

① Were ② If ③ Should ④ Had

224 ( ) his assistance in those days, I would not be so successful now. (青山学院大)

① If it had not for ② If there were not

③ Had it not been for ④ Unless I had

225 If I ( ) you, I would take your mother's advice. (拓殖大)

① were ② is ③ am ④ be

Words & Phrases

☑ 222	**feel free to *do***	(遠慮なく〜する)
☑ 223	**waste**	(〜をむだにする)
☑ 224	**assistance**	(助力、援助)

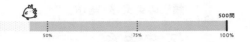
⌂ ifの省略①

仮定法過去完了では、if 節の if を省略することがある。その場合、if に続く SV は倒置され、**〈had ＋ S ＋過去分詞〉という語順になる。**ここでは、If I had known ... の if が省略されて Had I known ... となっている。（答 ①）

訳 今日、テニスチームのキャプテンを選ぶと知っていたら、ミーティングを欠席しなかったのに。

⌂ ifの省略②

仮定法過去の if 節で should を使う表現では、if を省略することがある。その場合、if に続く SV は倒置され、**〈should ＋ S ＋動詞の原形〉という語順になる。**ここでは、If you should have ... の if が省略されて Should you have ... となっている。（答 ②）

訳 何かご質問があれば、遠慮なくご連絡ください。

⌂ ifの省略③

仮定法過去の if 節で were を使う表現では、if を省略することがある。その場合、if に続く SV は倒置され、**〈were S ...〉という語順になる。**ここでは、If we were ... の if が省略されて Were we ... となっている（if S were to *do* については→ 244）。（答 ①）

訳 今、私たちがあきらめるなら、私たちの努力はすべてむだになってしまうでしょう。

⌂ ifの省略④

if it had not been for ～は「もし（過去に）～がなかったら」という意味を表す仮定法過去完了を使った慣用表現（→ 228）。ここでは、if が省略されて **Had it not been for ～**という形になっている。（答 ③）

訳 当時、彼の助力がなかったら、私は今、これほど成功していないだろう。

⌂ 仮定法過去①

現在の事実に反することを仮定する場合は、**仮定法過去〈if ＋ S ＋動詞の過去形〉を用いる。仮定法過去では、be 動詞は原則として were を用いる。**口語では was も用いる。（答 ①）

訳 私があなたなら、お母さんのアドバイスに従いますよ。

まとめてCheck!	仮定法過去
if＋S＋動詞の過去形, S'＋would＋動詞の原形	（もし～なら…するだろうに）
if＋S＋動詞の過去形, S'＋could＋動詞の原形	（もし～なら…できるだろうに）
if＋S＋動詞の過去形, S'＋might＋動詞の原形	（もし～なら…するかもしれない）

仮定法 ③

☑ 226 ☐
My mother told me that I would pass the exam if I (　　).　　（宮崎大）
① had been studied hard　　　② studied hard
③ was studying hard　　　　　④ would study hard

☑ 227 ☐
If I knew Mary's e-mail address, (　　) to the dance party.　　（鎌倉女子大）
① I invited her　　　　　　　② I have invited her
③ I could invite her　　　　　④ I could have invited her

☑ 228 ☐
It would be almost impossible for me to do my job if it (　　) for the Internet.　　（学習院大）
① hasn't been　② isn't　③ weren't　④ wouldn't be

☑ 229 ☐
(　　) your timely advice, I would have failed to deal with this matter appropriately.　　（亜細亜大）
① Apart from　② But for　③ Despite　④ Instead of

☑ 230 ☐
(　　) your great advice, I could not have carried out my plan.
（東京工芸大）
① Except　　　② Thanks to　　③ Instead of　　④ Without

Words & Phrases

| ☑ 229 | **timely**（時を得た、タイムリーな）　**appropriately**（適切に） |
| ☑ 230 | **carry out ～**（～を実行する） |

👑 仮定法過去②

「(実際はそれほど勉強していないが)もし一生懸命勉強すれば」という現在の事実に反することを仮定しているので、**仮定法過去〈if＋S＋動詞の過去形〉**を用いる。（答 ②）

🔈 母は私に、もっと一生懸命勉強すれば試験に合格するのに、と言った。

👑 仮定法過去③

仮定法過去では、**主節の動詞は〈助動詞の過去形＋動詞の原形〉**を用いる。ここでは**〈could ＋動詞の原形〉**を用いて「～できるだろうに」という意味を表している。（答 ③）

🔈 メアリーのメールアドレスを知っていれば、彼女をダンスパーティーに招待できるのに。

👑「～がなければ」を表す表現①

if it were not for ～は「もし(今)～がなければ」という意味を表す仮定法過去を使った慣用表現。「もし(過去に)～がなかったら」は仮定法過去完了を用いて **if it had not been for ～**で表す。（答 ③）

🔈 インターネットがなければ、私は仕事をすることがほとんど不可能だろう。

👑「～がなければ」を表す表現②

but for ～は「～がなければ」という意味を表す慣用表現。現在のことなのか過去のことなのかは、主節の動詞で判断する。ここでは主節が仮定法過去完了になっているので、過去のことだとわかる。（答 ②）

🔈 あなたのタイミングのよいアドバイスがなかったら、私はこの問題に適切に対処できなかったでしょう。

👑「～がなければ」を表す表現③

without ～は「～がなければ」という意味を表す。現在のことなのか過去のことなのかは、主節の動詞で判断する。ここでは主節が仮定法過去完了になっているので、過去のことだとわかる。（答 ④）

🔈 あなたの見事なアドバイスがなかったら、私は計画を遂行できなかったでしょう。

まとめてCheck!　「～がなければ／なかったら」を表す表現	
if it were not for ～	(もし(今)～がなければ)
if it had not been for ～	(もし(過去に)～がなかったら)
but for ～	(～がなければ／なかったら)
without ～	(～がなければ／なかったら)

仮定法 ④

☑ 231

( ) a little more effort, he would have succeeded. （大阪産業大）

① With ② Owing ③ But for ④ For

☑ 232

The relationship between the two countries was improved by the summit meeting; ( ), the conflict would have developed into a bloody struggle. （関西学院大）

① besides ② however ③ nevertheless ④ otherwise

☑ 233

Mozart could not live life without making music. Life without music ( ) meaningless to him. （獨協大）

① can have been ② need not be

③ will have been ④ would have been

☑ 234

I wish it ( ) rain here so much. （立命館大）

① didn't ② doesn't ③ isn't ④ weren't

☑ 235

I wish I ( ) enough time to work on the assignment around this time last year. （青山学院大）

① have ② should have ③ had had ④ have had

Words & Phrases

☑ 232 **summit meeting** (首脳会議) **conflict** (対立) **struggle** (闘争)

☑ 233 **meaningless** (無意味な)

☑ 235 **assignment** (仕事、任務)

👑 if節に相当する語句①

with ～は「～があれば」という仮定法の if 節に相当する意味を表す。現在のことなのか過去のことなのかは、主節の動詞で判断する。ここでは主節が仮定法過去完了になっているので、過去のことだとわかる。（答 ①）

訳 もう少し努力していれば、彼は成功したのに。

👑 if節に相当する語句②

otherwise は「もしそうでなければ」という仮定法の if 節に相当する意味を表す。直前に述べられている事実に反することを仮定するときに用いる。（答 ④）

訳 2 国間の関係は首脳会談によって改善された。そうでなければ、対立が悪化して流血の争いになっていただろう。

👑 if節に相当する語句③

if 節を使わずに、**主語が仮定の意味を表す**ことがある。ここでは、主語の Life without music が「仮に音楽のない生活があったら」という仮定の意味を表している。（答 ④）

訳 モーツァルトは音楽を作らずに生きることはできなかった。音楽のない生活は彼にとって無意味だっただろう。

👑 wish＋仮定法①

〈wish ＋仮定法過去〉は「～ならいいのに」という現在の事実に反することや実現できそうにないことに対する願望を表す。ここでは否定文なので〈didn't ＋動詞の原形〉を用いる。（答 ①）

訳 ここがこんなに大降りでなければいいのに。

👑 wish＋仮定法②

〈wish ＋仮定法過去完了〉は「～だったらよかったのに」という過去の事実に反することに対する願望を表す。（答 ③）

訳 去年の今頃、仕事に取り組むのに十分な時間があればよかったのに。

まとめてCheck!	if節に相当する語句

To hear her sing, you would think she was a professional singer.
→不定詞が仮定を表す（彼女が歌うのを聞けば、プロの歌手だと思うだろう）
A week ago, I could have gone out to a movie with you.
→副詞句が仮定を表す（1週間前なら、あなたと映画に行けたのだけれど）

仮定法 ⑤

☑ 236

If I ( ) a cell phone last year, I'd still be using my home telephone to call friends. (西南学院大)

① haven't bought
② hadn't bought
③ shouldn't buy
④ wouldn't buy

☑ 237

If the earth hadn't been created 4.6 billion years ago, we ( ) here now. (獨協医科大・改)

① aren't
② wouldn't be
③ won't be
④ wouldn't have been

☑ 238

He is not very humble since he was speaking as if he ( ) everything. (宮崎大)

① has understood
② understood
③ understand
④ will understand

☑ 239

It was not Mary but I that accomplished the task, yet she talks as if she ( ) it herself. (獨協大)

① do
② will have done
③ had done
④ would do

☑ 240

It's time David ( ) in the office. I wonder if he is OK because he is usually very punctual. (亜細亜大)

① be
② being
③ was
④ to be

Words & Phrases

☑ 238	**humble** (謙虚な)
☑ 239	**accomplish** (〜を成し遂げる)
☑ 240	**punctual** (時間を厳守する)

👑 if節と主節で時制が異なる場合①

〈if＋S＋had＋過去分詞, S'＋助動詞の過去形＋動詞の原形〉は「もし（過去に）〜だったら、（今は）…するだろうに」という意味を表す。if 節で仮定法過去完了を、主節で仮定法過去を用いた表現。（答 ②）

🈞 去年携帯電話を買っていなかったら、私は今でも友だちに電話するのに家の電話を使っているでしょう。

👑 if節と主節で時制が異なる場合②

if 節は「46 億年前」という過去の事実に反する仮定、主節は現在の事実に反する仮定を表しているので、〈if＋S＋had＋過去分詞, S'＋助動詞の過去形＋動詞の原形〉の形を用いる。（答 ②）

🈞 地球が 46 億年前にできていなかったら、私たちは今、ここにいないだろう。

👑 as if＋仮定法①

〈as if＋仮定法過去〉は「（実際はそうではないが）まるで〜であるかのように」という現在の事実に反することを表す。（答 ②）

🈞 彼は何でもわかっているかのように話していたので、あまり謙虚ではない。

👑 as if＋仮定法②

〈as if＋仮定法過去完了〉は「（実際はそうではなかったが）まるで〜であったかのように」という過去の事実に反することを表す。（答 ③）

🈞 その仕事をやり遂げたのはメアリーではなく私なのだが、彼女はそれを自分でやったかのように話している。

👑 it is time＋仮定法過去①

〈it is time＋仮定法過去〉は「もう〜してもよい頃だ」という意味を表す。この表現では、動詞が be 動詞で主語が一人称や三人称単数のときは were ではなく was を用いるのがふつう（→ 225）。（答 ③）

🈞 デイビッドがオフィスにいてもいい時間だ。彼はふだん時間を非常にきっちり守るから、大丈夫だろうかと思ってしまう。

まとめてCheck!　if節と主節で時制が異なる場合
if+S+had+過去分詞, S'+would+動詞の原形　（もし(過去に)〜だったら、(今は)…するだろうに）
if+S+had+過去分詞, S'+could+動詞の原形　（もし(過去に)〜だったら、(今は)…できるだろうに）
if+S+had+過去分詞, S'+might+動詞の原形　（もし(過去に)〜だったら、(今は)…するかもしれない）

仮定法 ⑥

☑ 241

It's high time you (　　) to bed, Tom. Sleep tight.　　　　　(鶴見大)

① going　　　　② went　　　　③ gone　　　　④ will go

☑ 242

If (　　) I could swim in the water like a fish!　　　　　(桜美林大・改)

① still　　　　② only　　　　③ ever　　　　④ even

☑ 243

I feel embarrassed about what happened and would rather the event
(　　).　　　　　(慶應義塾大)

① being forgotten　　　　　　② is forgotten

③ to be forgotten　　　　　　④ were forgotten

☑ 244

If the sun (　　) rise in the west, what do you think would happen?
　　　　　(広島国際大)

① is to　　　　② will　　　　③ be to　　　　④ were to

☑ 245

If you (　　) the flight, be sure to call me.　　　　　(京都女子大)

① had missed　　　　　　② missed

③ should miss　　　　　　④ would have missed

Words & Phrases

☑ 241	**sleep tight** (ぐっすり眠る)
☑ 243	**embarrassed** (きまりが悪い)
☑ 245	**be sure to *do*** (必ず〜する)

👑 it is time＋仮定法過去②

〈it is high time ＋仮定法過去〉は「とっくに〜する頃だ」という意味を表す。〈it is about time ＋仮定法過去〉「そろそろ〜してもよい頃だ」という表現もある。（答 ②）

訳 とっくに寝る時間ですよ、トム。ぐっすりお休みなさい。

👑 仮定法を用いた表現①

〈If only ＋仮定法〉は「〜であればなあ」という意味を表す。〈wish ＋仮定法〉よりも強い願望を表し、最後に感嘆符（!）が付くことが多い。（答 ②）

訳 魚のように水中を泳げたらなあ！

👑 仮定法を用いた表現②

〈would rather ＋仮定法〉は「むしろ〜したい」という事実に反する願望を表す。would rather の後に that 節を続けた形で、that はふつう省略する。（答 ④）

訳 私は実際に起こった出来事がきまり悪いと感じていて、むしろその出来事は忘れ去られてほしいと思っている。

👑 未来のことを表す仮定法①

if S were to do は「仮に S が〜するとしたら」という未来のことについての仮定を表す。実現の可能性がまったくないことから、実現の可能性があることまで、さまざまな仮定を表す。（答 ④）

訳 もしも太陽が西から昇ったら、あなたは何が起こると思いますか。

👑 未来のことを表す仮定法②

if S should do は「万一 S が〜することがあれば」という未来のことについての仮定を表す。実現の可能性がまったくない仮定には用いることはできない。（答 ③）

訳 もしも飛行機に乗りそこなったら、必ず私に電話してください。

まとめてCheck!	it is time＋仮定法過去
it is time＋仮定法過去	（もう〜してもよい頃だ）
it is high time＋仮定法過去	（とっくに〜する頃だ）
it is about time＋仮定法過去	（そろそろ〜してもよい頃だ）

準動詞 ①

246 ( ) his colleagues might be hungry, Satoshi bought them some doughnuts. （南山大）

① Thinking
② To think
③ He thought
④ Had he thought

247 ( ) from the top of the mountain, the stars looked very beautiful. I cannot forget that wonderful night sky. （愛知学院大）

① See
② Seeing
③ Seen
④ To see

248 I lost all the money I had with me. ( ) what to do, I called my mother for help. （玉川大）

① Knowing
② Having known
③ Known
④ Not knowing

249 ( ) my purse at home, I didn't have any money to buy lunch. （東京経済大）

① Being left
② Having left
③ Left
④ Leave

250 It ( ) a beautiful day, we decided to go hiking. （亜細亜大）

① was
② be
③ were
④ being

Words & Phrases

☑ **246** **colleague** (同僚)
☑ **248** **call A for help** (助けを求めてAに電話をする)

👑 分詞構文①

分詞で始まる句が、文に情報を加える副詞の働きをすることがある。このような表現を**分詞構文**という。分詞構文はさまざまな意味を表すが、ここでは「〜と思ったので」という**理由**を表している。（答 ①）

訳 同僚がおなかをすかしているかもしれないと思ったので、サトシは彼らにドーナツを買ってあげた。

👑 分詞構文②

分詞構文の意味上の主語は、原則として主節の主語と同じ。 ここでは、意味上の主語 the stars と see が「星が見られる」という受動の関係になっているので、過去分詞の seen を用いる。being seen の being が省略された形と考える。（答 ③）

訳 山頂から見ると、星がとてもきれいに見えた。私はあのすばらしい夜空が忘れられない。

👑 分詞構文③

分詞構文の否定形は、分詞の直前に not や never を置き、〈not [never] ＋分詞〉の形にする。ここでは、「どうしていいのかわからなかったので、母に電話して助けを求めた」という意味を表しているので、分詞構文の否定形を用いる。（答 ④）

訳 私は持っていたお金をすべてなくしてしまった。どうしていいのかわからなかったので、母に電話して助けを求めた。

👑 分詞構文④

分詞の表す時が文の表す時よりも前の場合は、**分詞構文の完了形〈having ＋過去分詞〉**を用いる。ここでは、「さいふを置き忘れた」のは「昼食を買うお金がない」時点よりも前のことなので、分詞構文の完了形を用いる。（答 ②）

訳 家にさいふを置き忘れたので、私は昼食を買うお金がまったくなかった。

👑 分詞構文⑤

分詞構文の意味上の主語と主節の主語が異なる場合は、分詞の直前に意味上の主語を示す。このような表現を**独立分詞構文**という。ここでは、主節の主語は we、分詞の意味上の主語は天候を表す it と異なるので、分詞の前に it を示す。（答 ④）

訳 よい天気だったので、私たちはハイキングに行くことにした。

まとめてCheck! 分詞構文の表す意味
① 付帯状況「〜しながら」
② 時「〜する時に、〜すると」
③ 連続した動作「〜して（そして）…する」
④ 原因・理由「〜なので」

準動詞 ②

☑ 251 ☐
There (   ) no train service, they had to walk home. （川崎医療福祉大）
① be   ② was   ③ being   ④ having

☑ 252 ☐
All things (   ), there is no doubt about it. （関西学院大）
① considering   ② considered
③ consideration   ④ consider

☑ 253 ☐
Bill looked at the (   ) child. （大阪学院大）
① slept   ② sleeping   ③ to sleep   ④ sleep

☑ 254 ☐
The captain said proudly that he is a man of (   ) talents. （獨協大）
① hid   ② hide   ③ hiding   ④ hidden

☑ 255 ☐
(   ) leaves were scattered on the sidewalk. （畿央大）
① Fall   ② Falling   ③ Fallen   ④ To fall

Words & Phrases

☑ 254 **proudly** (得意げに)
☑ 255 **scatter** (～を散乱させる)

分詞構文⑥

There is [are] 〜が分詞構文になる場合は、there を分詞構文の意味上の主語にして **there being** という形になる。独立分詞構文の一種。(答 ③)

訳 電車の運行がなかったので、彼らは家まで歩かなくてはならなかった。

分詞構文⑦

All things が意味上の主語として示された分詞構文。All things と consider は「すべてのことが考慮される」という受動の関係になっているので、過去分詞の considered を用いる。**all things considered** は「すべてを考慮に入れると」という意味の慣用表現。(答 ②)

訳 すべてを考慮に入れると、そのことに疑問の余地はない。

名詞を修飾する分詞(句)①

分詞1語で名詞を修飾する場合、分詞はふつう名詞の前に置かれる。 現在分詞か過去分詞かは、修飾される語との意味的な関係によって決まる。ここでは、「子ども」は「眠っている」という能動の関係になっているので、現在分詞の sleeping を用いる。(答 ②)

訳 ビルは眠っている子どもを見た。

名詞を修飾する分詞(句)②

分詞1語が名詞を前から修飾する形にする。ここでは、「才能」は「隠される」という受動の関係になっているので、過去分詞の hidden を用いる。(答 ④)

訳 キャプテンは、自分は隠れた才能の持ち主だと得意げに言った。

名詞を修飾する分詞(句)③

分詞1語が名詞を前から修飾する形にする。ここでは、「葉」は「すでに落ちてしまった」という完了の関係になっているので、過去分詞の fallen を用いる。**自動詞の過去分詞は完了の意味を表す。**(答 ③)

訳 落ち葉が歩道に散らかっていた。

まとめてCheck!　分詞形容詞①

動詞の意味が薄れ、形容詞のように使われるようになった分詞を分詞形容詞という。

exciting	(興奮させる)	excited	(興奮した)
interesting	(興味深い)	interested	(興味を持った)
surprising	(驚くべき)	surprised	(驚いた)

準動詞 ③

☑ 256

A pipeline network (　　) 4,300 miles provides natural gas from Texas to homes and industries on the East Coast. （酪農学園大）

① totaling　　　② total　　　③ totals　　　④ it totals

☑ 257

Tom has received a letter from the publisher (　　) that his book will be published next month. （國學院大）

① saying　　　② to be said　　　③ having said　　　④ to be saying

☑ 258

The rescue crew are helping people (　　) in the accident. （長浜バイオ大）

① injuring　　　② to injure　　　③ are injured　　　④ injured

☑ 259

Thank you for (　　) me to this party. （北里大）

① invited　　　② invitation　　　③ invite　　　④ inviting

☑ 260

(　　) to use English will hurt your chances of finding a good job. （金城学院大）

① Be unable　　　　　　② Being not able

③ Not being able　　　　④ Not being unable

Words & Phrases

☑ 256	**pipeline** (送油管)　**total** (合計〜になる)
☑ 257	**publisher** (出版社)　**publish** (〜を出版する)
☑ 258	**rescue crew** (救助隊)

START
25%
50%
75%
100%
500問

最頻出

頻出

差がつく

🏠 名詞を修飾する分詞（句）④

分詞が目的語や副詞（句）を伴う場合、**分詞句は名詞の後ろに置かれる**。現在分詞か過去分詞かは、修飾される語との意味的な関係によって決まる。ここでは、「パイプライン網」は「合計4300マイルになる」という能動の関係になっているので、現在分詞の totaling を用いる。（答 ①）

🔴 合計 4300 マイルに及ぶパイプライン網がテキサスから東海岸の家庭や産業に天然ガスを供給している。

🏠 名詞を修飾する分詞（句）⑤

分詞句が後ろから名詞を修飾する形にする。ここでは、修飾される a letter と分詞句が離れていることに注意。「手紙」に「書いてある」という能動の関係になっているので、現在分詞の saying を用いる。（答 ①）

🔴 トムは彼の本が翌月出版されると書いてある出版社からの手紙を受け取った。

🏠 名詞を修飾する分詞（句）⑥

分詞句が後ろから名詞を修飾する形にする。ここでは、「人々」が「けがをさせられる」という受動の関係になっているので、過去分詞の injured を用いる。injure は「～にけがをさせる」という意味の他動詞。（答 ④）

🔴 レスキュー隊が事故でけがをした人々を助けている。

🏠 動名詞の基本用法①

動名詞は、動詞の性質を持ちながら、文中で名詞の働きをして、主語、動詞・前置詞の目的語、補語になる。ここでは、動名詞句 inviting me to the party が前置詞 for の目的語になっている。（答 ④）

🔴 私をこのパーティーに招待してくれてありがとう。

🏠 動名詞の基本用法②

動名詞の否定形は、動名詞の直前に not や never を置き、not [never] *doing* の形にする。ここでは、文中で主語になる動名詞句 being able to use English の直前に not を置いた形にする。（答 ③）

🔴 英語が使えないと、いい職を見つけるチャンスが損なわれるだろう。

まとめてCheck!	分詞形容詞②		
boring	（退屈させる）	bored	（退屈した）
disappointing	（失望させる）	disappointed	（失望した）
shocking	（衝撃的な）	shocked	（衝撃を受けた）
tiring	（疲れさせる）	tired	（疲れた）

準動詞 ④

☑ 261

He denied ever (　　) her.　　　　　　　　　　　　　　　（國學院大）

① being met　　② having met　　③ to have met　　④ to meet

☑ 262

I was ashamed (　　) my seat to the pregnant woman who looked uneasy on the crowded train in the morning.　　　　（中央大）

① not of having given　　　　　② of having given not

③ of having not given　　　　　④ of not having given

☑ 263

She does not like (　　) like a child.　　　　　　　　　　（成城大）

① being treated　② treated　　③ to treat　　　④ treating

☑ 264

She went out of the room without (　　) aware of it.　（桜美林大・改）

① being her husband　　　　　② for her husband to be

③ her husband being　　　　　④ her husband was

☑ 265

I am very much looking forward (　　) Paris.　　　　　（名城大）

① to visit　　　　　　　　　　② to visiting

③ to have visited　　　　　　　④ visiting

Words & Phrases

☑ 262　**pregnant**（妊娠した）　**uneasy**（不安な）

☑ 263　**treat**（～を扱う）

動名詞の基本用法③

deny「〜を否定する」は動名詞を目的語に取る動詞。ここでは、「それまでに彼女に会ったこと」という経験の意味を表しているので、**動名詞の完了形〈having ＋過去分詞〉**を用いる。（答 ②）

訳 彼はそれまで彼女に会ったことがないと言った。

動名詞の基本用法④

be ashamed of 〜「〜を恥じている」の of の目的語になっているので、動名詞を用いる。ここでは、「恥じた」時より前に「席を譲らなかった」という主節よりも前のことを表しているので、動名詞の完了形を用いる。**否定形は having の前に not を置く。**（答 ④）

訳 私は朝、混雑している電車で不安そうにしている妊婦に席を譲らなかったことを恥ずかしく思った。

動名詞の基本用法⑤

動名詞の受動態は〈being ＋過去分詞〉の形になる。ここでは、「子どものように扱われる」という受動の意味を表しているので、動名詞の受動態 being treated を用いる。（答 ①）

訳 彼女は子どものように扱われるのが好きではない。

動名詞の基本用法⑥

動名詞の意味上の主語は、動名詞の直前に置く。意味上の主語が代名詞のときは、所有格か目的格を用いる。名詞のときは、そのままの形か所有格を用いる。ここでは、名詞の her husband を動名詞の前に置いて her husband being ... とする。（答 ③）

訳 彼女は夫に気づかれることなく部屋を出た。

前置詞toの後に動名詞を続ける表現①

look forward to *doing* は「〜するのを楽しみにして待つ」という意味を表す慣用表現。この to は前置詞なので、後には動名詞が続く。不定詞の to と混同しないよう注意。（答 ②）

訳 私はパリを訪れるのをとても楽しみにしている。

まとめてCheck!	動名詞の基本用法
① 主語になる（→260）	
② 補語になる	
③ 動詞の目的語になる（→261, 263）	
④ 前置詞の目的語になる（→259, 262, 264）	

準動詞 ⑤

266 Susan has a lot of younger brothers and sisters, so she (　　) with children. （松山大）
① is used to deal
② used to dealing
③ is used dealing
④ is used to dealing

267 I (　　) living abroad, for it has been nine years since I left my country. （福岡大）
① am accustomed to
② used to
③ used to be
④ accustomed to

268 My mother is an expert when it comes (　　) Italian food. （青山学院大）
① to cook
② to cooking
③ of cooking
④ of being cooked

269 I don't feel like fixing dinner. What do you say to (　　)? （白百合女子大）
① be eating out
② eat out
③ eating out
④ the restaurant owner

270 He firmly objected to (　　) our club. （国士舘大）
① Jiro
② Jiro will join
③ Jiro's join
④ Jiro joining

Words & Phrases

266 **deal with ～** (～を扱う)
268 **expert** (熟達した人)
270 **firmly** (断固として)

前置詞toの後に動名詞を続ける表現②

be used to *doing* は「〜するのに慣れている」という意味の慣用表現。この to は前置詞なので、後には動名詞が続く。used to *do*「以前はよく〜した」と混同しないよう注意。(答 ④)

🔲 スーザンには弟と妹が何人もいるので、子どもの扱いに慣れている。

前置詞toの後に動名詞を続ける表現③

be accustomed to *doing* は「〜するのに慣れている」という意味を表す慣用表現。この to は前置詞なので、後には動名詞が続く。be used to *doing* より堅い表現。(答 ①)

🔲 私は海外で生活するのに慣れている。それというのも、母国を去って9年になるからだ。

前置詞toの後に動名詞を続ける表現④

when it comes to *doing* は「〜するということとなると、〜することに関しては」という意味を表す慣用表現。この to は前置詞なので、後には動名詞が続く。不定詞の to と混同しないよう注意。(答 ②)

🔲 イタリア料理を作ることに関しては、母はプロ顔負けだ。

前置詞toの後に動名詞を続ける表現⑤

What do you say to *doing*? は「〜するのはどうですか、〜しませんか」という意味を表す慣用表現。この to は前置詞なので、後には動名詞が続く。不定詞の to と混同しないよう注意。(答 ③)

🔲 夕食を作る気にならないな。外食しない?

前置詞toの後に動名詞を続ける表現⑥

object to *doing* は「〜することに反対する」という意味を表す。この to は前置詞なので、後には動名詞が続く。ここでは、意味上の主語 Jiro が動名詞の前に置かれている。(答 ④)

🔲 彼はジロウが私たちのクラブに入ることに断固として反対した。

まとめてCheck!	前置詞toの後に動名詞を続ける表現
come close to *doing*	(もう少しで〜する)
be opposed to *doing*	(〜することに反対している)
with a view to *doing*	(〜する目的で)

準動詞 ⑥

---

271 He stopped (　　) because he wanted to solve the problem. （立命館大）
① think
② thinking about
③ thought
④ to think

---

272 I was so happy (　　) you. （神奈川工科大）
① to see
② to seeing
③ see
④ saw

---

273 It's (　　) help carry my bag up the stairs. （昭和大・改）
① as kind as you
② kind of you to
③ for you to kindly
④ your kind to

---

274 My cousin spent his childhood in a small village surrounded by deep forests. Years later, he grew up (　　) a tree doctor. （秋田県立大）
① to be
② being
③ for
④ been

---

275 I went all the way to see my doctor, (　　) to find him absent. （津田塾大）
① hardly
② most
③ never
④ only

Words & Phrases

271	**solve** (〜を解く)
273	**stairs** (階段)

📑 不定詞の副詞的用法①

stop to do は「〜するために立ち止まる」という意味を表す。この to do は**目的**を表す副詞的用法の不定詞。stop *doing* は「〜するのをやめる」という意味を表す（→ 009）。（答 ④）

📖 彼は問題を解きたかったので、考えるために立ち止まった。

📑 不定詞の副詞的用法②

不定詞を感情を表す形容詞の後に続けると、「〜して」という**感情の原因**を表す。ここでは、「とてもうれしかった」という感情の原因を不定詞 to see you で表している。（答 ①）

📖 あなたに会えてとてもうれしかった。

📑 不定詞の副詞的用法③

不定詞を人の性質を表す形容詞の後に続けると、「〜するとは」という**判断の根拠**を表す。ここでは、〈it is ＋形容詞＋ of ＋人＋ to do〉「〜するなんて（人）は…だ」の形を用いて、「あなたは親切だ」と判断した根拠を不定詞で表している。（答 ②）

📖 私のバッグを階段の上まで運ぶのを手伝ってくれるなんて、あなたは親切ですね。

📑 不定詞の副詞的用法④

不定詞を述語動詞の後に続けると、「その結果〜」という動作の**結果**を表すことがある。ここでは、grow up to be 〜で「成長して［大人になって］（その結果）〜になる」という意味を表している。（答 ①）

📖 私のいとこは子どもの頃、深い森に囲まれた小さな村で過ごした。後年、彼は大人になって樹木医になった。

📑 不定詞の副詞的用法⑤

only to do は「（しかし）結局〜しただけだ」という**残念な結果**を表す。結果を表す副詞的用法の不定詞を用いた表現。never to do は「そして二度と〜しなかった」という意味。（答 ④）

📖 私ははるばる医師に診察してもらいに行ったが、医師が不在だとわかっただけだった。

まとめてCheck!	〈it is＋形容詞＋of＋人＋to *do*〉で使われる形容詞		
brave	（勇敢な）	careless	（不注意な）
clever	（賢い）	honest	（誠実な）
polite	（礼儀正しい）	rude	（無礼な）
silly	（おろかな）	wise	（賢明な）

119

準動詞 ⑦

☑ 276
Though credit cards are so (　　), many problems related to their use have been reported.　　　　　　　　　　　　　　　　　　（東海大）

① easy as use　　② easily to use　　③ easy to use　　④ easily as use

☑ 277
Many people believe that the primary job of business managers is (　　) with numbers.　　　　　　　　　　　　　　　　　　（昭和女子大）

① which deals　　② them deal　　③ to deal　　④ deal

☑ 278
Her voice was very quiet, so (　　) hear what she said.　　（立命館大）

① I had difficulty　　　　　　　② I was difficult to
③ it was difficult to　　　　　　④ she was difficult to

☑ 279
New technology makes (　　) possible to recover usable materials from waste.　　　　　　　　　　　　　　　　　　　　　　（東邦大）

① what　　　　② but　　　　③ more　　　　④ it

☑ 280
I haven't decided what (　　) after I graduate.　　　　　　（佛教大）

① do　　　　② to do　　　　③ is doing　　　　④ is done

Words & Phrases

☑ 276　**related to ~**（~に関連する）
☑ 279　**usable**（使用できる）　**material**（材料）　**waste**（廃棄物）

👑 不定詞の副詞的用法⑥

不定詞を「難・易」「安全・危険」「快・不快」などを表す形容詞の後に続けると、何をするのが難しい[易しい]のかを表す。**S is easy to do** で「S は〜するのが簡単だ」という意味を表す。この形では、主語が不定詞の目的語の働きをするので、不定詞に目的語を続けないことに注意。(答 ③)

🈯 クレジットカードは使うのがとても簡単だが、その使用に関連する多くの問題が報告されている。

👑 不定詞の名詞的用法①

不定詞は、文中で名詞の働きをして、主語・補語・動詞の目的語になる。ここでは、that 節中で補語になっている。(答 ③)

🈯 経営責任者の主要な仕事は数字に取り組むことだと、多くの人が考えている。

👑 不定詞の名詞的用法②

不定詞が主語になる場合、形式主語の it を用い、不定詞は文末に置く〈**it is ... to do**〉「〜することは…だ」の形にするのがふつう。ここでは、真の主語の to hear ... が文末に置かれている。(答 ③)

🈯 彼女の声はとても静かだったので、彼女の言っていることを聞くのは難しかった。

👑 不定詞の名詞的用法③

不定詞が SVOC の文の目的語になる場合、形式目的語の it を用い、不定詞は文末に置く〈**S + V + it + C(形容詞)+不定詞**〉の形にする。ここでは、目的語の位置に形式目的語の it を用い、真の目的語の to recover ... が文末に置かれている。(答 ④)

🈯 新しいテクノロジーは廃棄物から有用物を回収することを可能にする。

👑 不定詞の名詞的用法④

〈**疑問詞+不定詞**〉は、「(疑問詞の意味)〜すべきか」という意味を表す。名詞句の働きをして、文中で目的語・主語・補語になる。what to do は「何を〜すべきか」という意味を表す。(答 ②)

🈯 私は卒業後に何をするか、まだ決めていない。

まとめてCheck!	「難・易」「安全・危険」「快・不快」を表す形容詞		
impossible	(不可能な)	**tough**	(難しい)
safe	(安全な)	**dangerous**	(危険な)
comfortable	(快適な)	**pleasant**	(楽しい)
unpleasant	(不愉快な)		

準動詞 ⑧

281

Listen to the bird (　　) at the top of the tree.　　　　　　　　(岐阜聖徳大)

① to be sang　　② to sing　　③ sang　　④ singing

282

Have you ever heard that song (　　) in French?　　　　　　　(和光大)

① sang　　② sing　　③ singing　　④ sung

283

The man was seen (　　) into the building by an old woman last night.

(摂南大)

① break　　② broke　　③ breaking　　④ broken

284

Jim said he wasn't in the office that day, but he was seen by many people (　　) the office.　　　　　　　(東京医科大・改)

① enter　　② in entering　　③ to enter　　④ when he enter

285

Please be quiet! I can't do my homework with all this noise (　　).

(東京経済大)

① go on　　② to go on　　③ going on　　④ gone on

Words & Phrases

283　**break into ~** (~に押し入る)

285　**go on** (続く)

👑 知覚動詞＋O＋*do / doing / done*①

〈知覚動詞＋ O ＋分詞〉は「O が〜している［される］のを見る［聞く、感じる］」という意味を表す。現在分詞か過去分詞かは、前の名詞との関係で判断する。ここでは、「鳥」が「鳴いている」という能動の関係なので、現在分詞を用いる。listen to は 1 語の知覚動詞として扱う。（答 ④）

🈟 鳥が木のてっぺんで鳴いているのを聞きなさい。

👑 知覚動詞＋O＋*do / doing / done*②

〈知覚動詞＋ O ＋分詞〉「O が〜している［される］のを見る［聞く、感じる］」の形を用いる。ここでは、「歌」が「歌われる」という受動の関係なので、過去分詞を用いる。（答 ④）

🈟 あの歌がフランス語で歌われているのを聞いたことがありますか。

👑 知覚動詞＋O＋*do / doing / done*③

〈知覚動詞＋ O ＋ *doing*〉の受動態は〈**be 動詞＋知覚動詞の過去分詞＋ *doing***〉という形になる。ここでは、see the man breaking ... の the man を主語にした the man was seen breaking ... という受動態になっている。（答 ③）

🈟 その男は昨夜、その建物に侵入するところを高齢の女性に目撃された。

👑 知覚動詞＋O＋*do / doing / done*④

〈知覚動詞＋ O ＋ *do*〉は「O が〜するのを見る［聞く、感じる］」という意味を表す。この形を受動態にすると、〈**be 動詞＋知覚動詞の過去分詞＋ to *do***〉という形になる。動詞の原形が不定詞に変わることに注意。（答 ③）

🈟 ジムはその日オフィスにいなかったと言ったが、オフィスに入るのを多くの人に見られていた。

👑 付帯状況を表す〈with＋名詞＋分詞〉①

〈with ＋名詞＋分詞〉は「（名詞）が〜している［された］状態で」という付帯状況を表す。現在分詞か過去分詞かは、前の名詞との関係で判断する。ここでは、「この騒音」が「続いている」という能動の関係なので、現在分詞を用いる。（答 ③）

🈟 静かにしてください！　こんな騒音が続いていては宿題ができません。

まとめてCheck!	主な知覚動詞		
see	（〜が見える）	look at	（〜を見る）
watch	（〜をじっと見る）	hear	（〜が聞こえる）
listen to	（〜を聞く）	feel	（〜を感じる）
notice	（〜に気づく）	observe	（〜に気づく）

準動詞 ⑨

☑ 286

I often see Yuri thinking about something with (　　). （成城大）

① her arms folding
② folding her arms
③ her arms folded
④ folded her arms

☑ 287

(　　) night coming on, we left his house and went back home.

（東海大）

① By
② At
③ For
④ With

☑ 288

I had a late lunch, so I don't feel (　　) anything now. （長崎県立大）

① eating
② to eat
③ like to eat
④ like eating

☑ 289

(　　) of the man's death, she burst into tears. （国士舘大）

① Of hearing the news
② On hearing the news
③ To hearing the news
④ With hearing the news

☑ 290

There is (　　) what will happen tomorrow. （法政大・改）

① no told
② not to tell
③ not telling
④ no telling

Words & Phrases

☑ 286	**fold** ((腕・足など)を組む)
☑ 289	**burst into tears** (わっと泣き出す)

👑 付帯状況を表す〈with＋名詞＋分詞〉②

〈with＋名詞＋分詞〉「(名詞)が〜している[された]状態で」を用いる。ここでは、「彼女の腕」が「組まれる」という受動の関係なので、過去分詞を用いる。(答 ③)

訳 私はよく、ユリが腕組みをして何か考え事をしているのを見る。

👑 付帯状況を表す〈with＋名詞＋分詞〉③

〈with＋名詞＋分詞〉は、付帯状況以外に「(名詞)が〜しているので」という**理由**を表すこともある。この場合は文頭に置かれることが多い。(答 ④)

訳 夜になってきたので、私たちは彼の家を去って家に帰った。

👑 動名詞を用いた慣用表現①

feel like *doing* は「〜したい気がする」という意味を表す慣用表現。(答 ④)

訳 遅い昼食を取ったので、今は何も食べたくない。

👑 動名詞を用いた慣用表現②

on *doing* は「〜するとすぐに」という意味を表す慣用表現。(答 ②)

訳 その男が死んだという知らせを聞くとすぐに彼女はわっと泣き出した。

👑 動名詞を用いた慣用表現③

there is no *doing* は「〜できない」という意味を表す慣用表現。there is no telling 〜は「〜を言うことはできない」→「〜はわからない」という意味を表す。(答 ④)

訳 明日何が起こるかはわからない。

まとめてCheck! 動名詞を用いた表現	
cannot help *doing*	(〜しないでいられない)
it goes without saying that 〜	(〜は言うまでもない)
never [not] *do* without *doing*	(〜すれば必ず…する)
it is no use *doing*	(〜してもむだだ)

準動詞 ⑩

291 ☑ 🏅

It was too cold (　) outside. （共立女子大）

① that we take our baby
② that we should take our baby
③ for us to take our baby
④ for our baby to take

292 ☑ 🏅

Bill's story sounded (　) to make us feel uncomfortable. （東京理科大）

① enough strange
② enough strangely
③ strange enough
④ strangely enough

293 ☑ 🏅

Lithium is a very light metal. It's so light (　) float on water.

（湘南工科大）

① as
② as to
③ enough to
④ that

294 ☑ 🏅

They were sitting at the table facing each other, but they had nothing
(　). （女子栄養大）

① to talk
② to talk about
③ talking
④ talking about

295 ☑ 🏅

The proposal (　) the marketing department will be addressed at
the next board meeting. （青山学院大）

① expansion
② to expand
③ of expanse
④ expanded

Words & Phrases

☑ 293 **lithium** (リチウム)

☑ 295 **expand** (～を拡大する)　**department** (部)　**address** ((問題など)に取り組む)

👑 不定詞を用いた構文①

too ～ (for A) to *do* は「(A が) …するには～すぎる、～すぎて (A には) …できない」という程度を表す。(答 ③)

📖 寒すぎて、私たちの赤ちゃんを外に連れて行けなかった。

👑 不定詞を用いた構文②

〈形容詞［副詞］＋ **enough** ＋不定詞〉は「…するのに十分［必要］なだけ～」という程度を表す。(答 ③)

📖 ビリーの話は、私たちを落ち着かない気分にさせるほど奇妙だった。

👑 不定詞を用いた構文③

〈**so** ＋形容詞［副詞］＋ **as** ＋不定詞〉は「…するほど～」という程度を表す。〈so ＋形容詞［副詞］＋ as ＋不定詞〉は〈形容詞［副詞］＋ enough ＋不定詞〉に書き換えることができる。(答 ②)

📖 リチウムはとても軽い金属だ。それは水に浮くほど軽い。

👑 不定詞の形容詞的用法①

不定詞には、名詞を後ろから修飾する用法（**形容詞的用法**）がある。この場合、修飾される名詞は、不定詞の主語・目的語・前置詞の目的語の働きをする。ここでは、nothing が to talk about の about の目的語の働きをしている。(答 ②)

📖 彼らは互いに向き合ってテーブルに着いていたが、何も話すことがなかった。

👑 不定詞の形容詞的用法②

不定詞は、名詞の具体的な内容を後ろから説明することがある。このような関係を**同格**という。ここでは、the proposal（提案）の具体的な内容を to expand ... が説明している。(答 ②)

📖 マーケティング部を拡大するという提案が次の取締役会議で取り上げられるだろう。

まとめてCheck!	不定詞と同格の関係で使われる名詞		
attempt	（試み）	**decision**	（決心）
determination	（決心）	**intention**	（意図）
permission	（許可）	**plan**	（計画）
promise	（約束）	**wish**	（望み）

準動詞 ⑪

☑296

Last year my cousin moved from Tokyo to Los Angeles (　　) study English intensively.　　　　　　　　　　　　　　　　　　　（松本歯科大・改）

① for　　　　　　② in order to　　　③ because　　　④ where

☑297

Please pack your suitcases and check out of the hotel immediately (　　) miss the next train.　　　　　　　　　　　　　　　　（中央大）

① as you don't　　　　　　　　② not because you

③ not so as to　　　　　　　　④ so as not to

☑298

I was made (　　) till late at night.　　　　　　　　　（松山大）

① work　　　　　② worked　　　③ working　　　④ to work

☑299

All you have to do is (　　) what happened to him.　　　（福岡大）

① check　　　　② checking　　③ checked　　④ be checked

☑300

When I made a presentation in front of a large audience for the first time, I realized how difficult it was to make myself (　　).　（愛知淑徳大）

① understanding　　　　　　　② to understand

③ understood　　　　　　　　④ understand

Words & Phrases

☑296　**intensively**（集中的に）

☑297　**pack**（～に荷物を入れる）　**immediately**（ただちに）

☑300　**presentation**（発表）　**audience**（観衆）

📖 目的を表す不定詞①

in order to _do_ は「～するために」という意味を表す。不定詞が目的の意味であることを明確にするときに用いる。**so as to _do_** も同じような意味を表す。(答 ②)

訳 昨年、私のいとこは、英語を集中的に勉強するため、東京からロサンゼルスに引っ越した。

📖 目的を表す不定詞②

「～しないように」という否定の意味を表すには、**so as not to _do_** または **in order not to _do_** を用いる。(答 ④)

訳 次の列車に乗り遅れないよう、すぐにスーツケースに荷物を詰めてホテルをチェックアウトしてください。

📖 原形不定詞①

〈**make + O + _do_**〉は「O に(強制的に)～させる」という使役の意味を表す。この形を受動態にすると、〈**be 動詞＋ made + to _do_**〉という形になる。動詞の原形(原形不定詞)が to _do_ に変わることに注意。(答 ④)

訳 私は夜遅くまで働かされた。

📖 原形不定詞②

All you have to do is _do_ は「あなたは～しさえすればよい」という意味を表す。is の後の _do_ は動詞の原形(原形不定詞)で、to _do_ でも表せる。(答 ①)

訳 あなたは彼に何が起こったのかを確認しさえすればよい。

📖 make＋O＋過去分詞①

〈**make + O + 過去分詞**〉は「O を～されるようにする」という意味を表す。**make oneself understood** は「自分自身を理解されるようにする」→「自分を理解してもらう」という意味を表す。(答 ③)

訳 初めて大観衆の前でプレゼンテーションをした時、自分を理解してもらうことがどれほど難しいかがわかった。

まとめてCheck!	原形不定詞の用法
知覚動詞＋O＋原形不定詞	(Oが～するのを見る[聞く、感じる]) (→284)
make＋O＋原形不定詞	(Oに(強制的に)～させる) (→298)
let＋O＋原形不定詞	(Oに(許可を与えて)～させてやる)
have＋O＋原形不定詞	(Oに(当然すべきことを)～させる、～してもらう)

準動詞 ⑫

☑ 301

Emma couldn't make herself (　　) clearly in such a noisy room.

（摂南大）

① heard　　　　② hear　　　　③ to hear　　　　④ hearing

☑ 302

He seems (　　) a well-known singer when he was young.

（大阪大谷大）

① to be　　　　　　　　　② being
③ to have been　　　　　　④ having been

☑ 303

He is said (　　) in a big accident 10 years ago.　　　　（日本大）

① being　　　　　　　　　② having been
③ to be　　　　　　　　　　④ to have been

☑ 304

I am so sorry for having kept you (　　) for so long.　（北海道文教大）

① wait　　　　② to wait　　　　③ waiting　　　　④ waited

☑ 305

Please keep me (　　) any development in the situation.　（東洋大）

① inform　　　　　　　　　② informed of
③ to inform　　　　　　　　④ informing

Words & Phrases

☑ 302　**well-known**（有名な）
☑ 305　**inform A of B**（AにBを知らせる）

🏆 make＋O＋過去分詞②

make oneself heard は「自分自身（の言っていること）を聞かれるようにする」→「自分の言うことを聞き取ってもらう」という意味を表す。（答 ①）

🈟 エマはそのような騒がしい部屋で自分の発言を明確に聞き取ってもらうことができなかった。

🏆 不定詞の完了形①

不定詞の表す時が文の表す時よりも前の場合は、**不定詞の完了形〈to have ＋過去分詞〉**を用いる。ここでは、「若い頃、有名な歌手だった」のは「〜のようだ」と思っている時点よりも前のことなので、不定詞の完了形を用いる。（答 ③）

🈟 彼は若い頃、有名な歌手だったようだ。

🏆 不定詞の完了形②

ここでは、「10 年前に大きな事故にあった」のは「彼は〜と言われている」と思っている時点よりも前のことなので、不定詞の完了形を用いる。（答 ④）

🈟 彼は 10 年前に大きな事故にあったと言われている。

🏆 SVOC（＝分詞）①

分詞は SVOC の C になる。C が現在分詞になるか過去分詞になるかは、O との関係で判断する。ここでは、「あなた」は「待っている」という能動の関係になっているので、現在分詞を用いる。〈**keep ＋ O ＋ *doing***〉は「O を〜している状態にしておく」という意味。（答 ③）

🈟 長いこと待たせて本当にごめんなさい。

🏆 SVOC（＝分詞）②

ここでは、「私」は「知らされる」という受動の関係になっているので、過去分詞を用いる。〈**keep ＋ O ＋ *done***〉は「O を〜された状態にしておく」という意味。（答 ②）

🈟 いかなる状況の進展も欠かさず私に知らせてください。

まとめてCheck!	SVOC（＝分詞）
知覚動詞＋O＋分詞	（Oが〜している[される]のを見る[聞く、感じる]）（→281-282）
have [get]＋O＋現在分詞	（Oに〜させておく）
have [get]＋O＋過去分詞	（Oを〜してもらう／Oを〜される）
make＋O＋過去分詞	（Oを〜されるようにする）（→300-301）

準動詞 ⑬

☑ 306

It is not a good idea to spend all of your time ( ) television.

(日本大)

① to watch　　② to watching　　③ watching　　④ of watching

☑ 307

We've been busy ( ) for the school festival for a week. (長崎県立大)

① prepare　　② to prepare　　③ preparing　　④ preparation

☑ 308

We will go, weather ( ).

(金城学院大)

① is permitted　　　　② permits

③ permitting　　　　④ to permit

☑ 309

( ) Noriko did not have enough time to study, she did quite well on the quiz.

(南山大)

① To consider　　　　② Considered

③ Considering　　　　④ Consider

☑ 310

Because it is raining, not a star is ( ) seen in the sky now.

(広島国際大)

① for being　　② to be　　③ being　　④ been

Words & Phrases

☑ 308　**permit** ((物事が)許す)

☑ 309　**quiz** (小テスト)

◻ (in) *doing* を用いる表現①

〈spend ＋時間＋ (in) *doing*〉は「〜するのに（時間）をかける」という意味を表す。in は省略されることが多い。（答 ③）

訳 時間をすべてテレビを見るのに費やすというのは、よい考えではない。

◻ (in) *doing* を用いる表現②

be busy (in) *doing* は「〜するのに忙しい」という意味を表す。in は省略されることが多い。（答 ③）

訳 私たちは学園祭の準備で1週間忙しくしている。

◻ 分詞構文を用いた慣用表現①

weather permitting は「天気がよければ」という意味を表す慣用表現。独立分詞構文の一種（→ 250）。（答 ③）

訳 天気がよければ私たちは行きます。

◻ 分詞構文を用いた慣用表現②

considering 〜は「〜を考慮すれば」という意味を表す。分詞構文の主語と主節の主語が異なるが、このように慣用的に意味上の主語を示さずに用いるものもある。（答 ③）

訳 ノリコには勉強時間が十分になかったことを考慮すれば、彼女は小テストで本当によくやった。

◻ be動詞＋to *do*①

〈be 動詞＋ to *do*〉は、予定・義務・可能などの意味を表す。ここでは「〜できる」という可能の意味で用いている。可能の意味では、ふつう否定文で用いる。（答 ②）

訳 雨が降っているので、今は空に星がひとつも見えない。

まとめてCheck!	分詞構文を用いた慣用表現		
frankly speaking	（率直に言えば）	generally speaking	（一般的に言えば）
strictly speaking	（厳密に言えば）	speaking [talking] of 〜	（〜と言えば）
given (that) 〜	（〜だと考えると）	judging from 〜	（〜から判断すると）
taking 〜 into consideration	（〜を考慮に入れると）		

準動詞 ⑭

☑ 311 🎓 As the president has been hospitalized, the vice president is ( ) a speech instead. （愛知医科大）

① to make　　② making to　　③ made　　④ made to

☑ 312 🎓 To make ( ) worse, he isn't even conscious of annoying his neighbors. （大阪医科大）

① matters　　② accounts　　③ faults　　④ evils

☑ 313 🎓 Due to the heavy rainfall this morning, I was late for work, ( ) having been all wet. （防衛大）

① in spite of　　　　　　② as a result
③ to say nothing of　　　④ so to speak

☑ 314 🎓 The mother is looking for something ( ) her baby to play with.
（広島国際大・改）

① for　　② on　　③ of　　④ in

☑ 315 🎓 I tried so hard ( ) in front of people. （大阪薬科大）

① do not cry　　② not to cry　　③ to cry not　　④ to not crying

Words & Phrases

☑ 311	**hospitalize**（〜を入院させる）　**vice president**（副大統領）
☑ 313	**due to 〜**（〜のために）

🐾 be動詞＋to *do*②

ここでは、〈be 動詞＋to *do*〉を「～することになっている」という**予定**の意味で用いている。公式の予定を表すときに用いる。（答 ①）

訳 大統領は入院しているので、代わりに副大統領が演説を行う予定です。

🐾 独立不定詞①

文のほかの部分から独立していて、文全体を修飾する不定詞を**独立不定詞**という。ここでは、**to make matters worse** は「さらに悪いことに」という意味を表す。（答 ①）

訳 さらに悪いことに、彼は近所の人々に迷惑をかけていることを自覚すらしていない。

🐾 独立不定詞②

to say nothing of ～は「～は言うまでもなく」という意味を表す独立不定詞。（答 ③）

訳 今朝の豪雨のせいで、私はずぶぬれになったのは言うまでもなく、仕事にも遅刻した。

🐾 不定詞の意味上の主語

不定詞の意味上の主語は、不定詞の直前に **for ～** を置いて示す。ここでは、for her baby が to play with の意味上の主語になっている。（答 ①）

訳 母親は自分の赤ちゃんが遊ぶためのものを探している。

🐾 不定詞の否定形

不定詞の否定形は、不定詞の直前に not や never を置き、〈**not [never] ＋不定詞**〉の形にする。ここでは、tried to cry の to の前に not を置いて否定形にする。（答 ②）

訳 私は人前で泣かないよう、懸命に努力した。

まとめてCheck!	主な独立不定詞		
needless to say	（言うまでもなく）	not to mention ～	（～は言うまでもなく）
to be frank (with you)	（率直に言って）	to be honest	（正直に言って）
to be sure	（確かに）	to begin with	（まず第一に）
to tell (you) the truth	（本当のことを言うと）		

前置詞 ①

316 I have been living in Hawaii (　　) almost three years. （拓殖大）
① among　　　　② between　　　　③ during　　　　④ for

317 He visited Kiyomizu Temple twice (　　) his stay in Kyoto. （神奈川大）
① while　　　　② with　　　　③ for　　　　④ during

318 Since the class starts at one, I have to finish eating lunch (　　) 10 to 15 minutes. （山梨大）
① by　　　　② for　　　　③ in　　　　④ before

319 I will make every effort to respond to you (　　) 24 hours. （青山学院大）
① within　　　　② at　　　　③ during　　　　④ between

320 The sign says that the shop stays open (　　) 10 p.m.
（神戸松蔭女子学院大）
① by　　　　② during　　　　③ for　　　　④ until

Words & Phrases

319	**make an effort**（努力する）　**respond to ～**（～に返答する）
320	**sign**（看板）

🔲 使い分けに注意すべき前置詞①

for は「〜の間（ずっと）」という**期間の長さ**を表す。during は「〜の間じゅう（ずっと）、〜の間に」という特定の期間を、between は「〜の間に」という 2 つの時の間を表す。among は時について用いることはできない。（答 ④）

📖 私は 3 年ほどハワイに住んでいる。

🔲 使い分けに注意すべき前置詞②

during は「〜の間に」という**特定の期間**を表す。for は「〜の間（ずっと）」という期間の長さを表す。while は「〜している間」という意味を表す接続詞で、後には文が続く。（答 ④）

📖 彼は京都に滞在中、2 回清水寺を訪れた。

🔲 使い分けに注意すべき前置詞③

in は時間的な幅を持った語句とともに用いて、**その期間中に何かが行われること**を表す。by は「〜までに」という期限を、for は「〜の間（ずっと）」という期間の長さを、before は「〜の前に」という基準の時の前を表す。（答 ③）

📖 授業は 1 時に始まるので、私は 10 分から 15 分で昼食を食べ終えなくてはならない。

🔲 使い分けに注意すべき前置詞④

within は「〜以内に」という**時間の範囲内**であることを表す。at は「（ある時点）に」という時の 1 点を、during は「〜の間じゅう（ずっと）、〜の間に」という特定の期間を、between は「〜の間に」という 2 つの時の間を表す。（答 ①）

📖 24 時間以内にあなたに返答するよう、あらゆる努力をします。

🔲 使い分けに注意すべき前置詞⑤

until / till は「〜まで」という**時の継続**を表す。by は「〜までに」という期限を、during は「〜の間じゅう（ずっと）、〜の間に」という特定の期間を、for は「〜の間（ずっと）」という期間の長さを表す。（答 ④）

📖 看板には、その店は午後 10 時まで開いていると書いてある。

まとめてCheck!	使い分けに注意すべき前置詞
for	（〜の間（ずっと））[期間の長さ]（→316）
during	（〜の間じゅう（ずっと）、〜の間に）[特定の期間]（→317）
until / till	（〜まで）[継続]（→320）
by	（〜までに）[期限]（→321）

前置詞 ②

☑ 321

I'll come back (　　) seven o'clock, and then we can discuss the plan.

(東洋大)

① by　　　　② until　　　　③ for　　　　④ on

☑ 322

(　　) the fact that I got up early, I still missed the bus.　(立命館大)

① Despite　　② Even though　③ In spite　　④ While

☑ 323

He asked my advice (　　) what subject he should study at university.

(名古屋学芸大)

① on　　　　② above　　　③ out　　　④ at

☑ 324

I have nothing (　　) sympathy for those people suffering from allergies in spring.　(南山大)

① for　　　　② but　　　③ so　　　④ with

☑ 325

For a well-balanced life, even the most successful students need to have other interests (　　) studying.　(慶應義塾大)

① also　　　② and　　　③ behind　　④ besides

Words & Phrases

☑ 324　**sympathy** (同情)　**allergy** (アレルギー)
☑ 325　**well-balanced** (バランスの取れた)

🐚 使い分けに注意すべき前置詞⑥

by は「〜までに」という**期限**を表す。until は「〜まで」という時の継続を、for は「〜の間（ずっと）」という期間の長さを、on は「（曜日・日付）に」という特定の日・曜日を表す。（答 ①）

訳 私は7時までに戻るので、その後で私たちは計画について話し合うことができます。

🐚 論理関係を表す前置詞①

despite は「〜にもかかわらず」という**譲歩**を表す。in spite of も同じ意味を表す。even though は「たとえ〜であっても」、while は「一方で〜」という意味を表す接続詞。（答 ①）

訳 早起きしたという事実にもかかわらず、それでも私はバスに乗り遅れた。

🐚 論理関係を表す前置詞②

on は「〜に関する、〜についての」という**関連**を表す。about が一般的・日常的なものに用いるのに対して、on はより専門的・限定的なものに用いる。（答 ①）

訳 彼は大学でどの科目を勉強したらいいかについて私のアドバイスを求めた。

🐚 論理関係を表す前置詞③

but は「〜以外に、〜を除いて」という意味を表す。nothing but 〜は「〜以外に何もない」→「〜しかない」という意味。前置詞の but は no-、any-、every 〜、all などの後で用いる。（答 ②）

訳 春にアレルギーで苦しむ人には同情しかない［同情するばかりだ］。

🐚 論理関係を表す前置詞④

besides は「〜に加えて、〜のほかに」という**追加**を表す。「そのうえ、さらに」という意味の副詞としても用いられる。beside（〜のそばに）と混同しないよう注意。（答 ④）

訳 バランスの取れた生活を送るためには、最も優秀な生徒であっても、勉強のほかのことにも関心を持つ必要がある。

まとめてCheck!	onの主な用法
時（曜日・日付）（→340）	on **April 1st**（4月1日に）
場所（接触）（→338）	a book **on the shelf**（本棚にある本）
関連（→323）	a book **on Japanese history**（日本史に関する本）
手段	buy a book **on the Internet**（インターネットで本を買う）

頻出の英文法・語法

前置詞 ③

326 When I first came to Tokyo, the map was (　) great use. （法政大）
① with ② of ③ on ④ at

327 It is clear that my field trip was (　) huge importance for my research. （東京電機大）
① in ② of ③ on ④ to

328 The wall was so low that they could jump over it (　). （神戸学院大）
① to ease ② of ease ③ with ease ④ in ease

329 It's not considered polite to talk (　) your mouth full. （亜細亜大）
① of ② in ③ with ④ by

330 We have not seen each other in quite a while. Why don't we catch up with each other (　) a cup of coffee? （國學院大）
① in ② over ③ under ④ by

Words & Phrases

327 **field trip** (実地研究旅行)
330 **catch up with ～** ((久しぶりに会った人)と話をする)

🏠 前置詞＋抽象名詞①

〈of ＋抽象名詞〉が形容詞と同じ働きをすることがある。この場合、抽象名詞の前に great、no、little、some などの形容詞が入ることがある。**of (great) use** は「（大変）役に立つ」（＝ (very) useful）という意味を表す。（答 ②）

📖 私が初めて東京に来た時、その地図は大変役に立った。

🏠 前置詞＋抽象名詞②

of (huge) importance は「（非常に）重要な」（＝ (very) important）という意味を表す。（答 ②）

📖 実地研究旅行は私の研究にとって非常に重要だったのは明らかだ。

🏠 前置詞＋抽象名詞③

〈with ＋抽象名詞〉が副詞と同じ働きをすることがある。**with ease** は「容易に」（＝ easily）という意味を表す。（答 ③）

📖 その壁はとても低かったので、彼らは容易にそれを飛び越えることができた。

🏠 状況を表す前置詞①

〈with ＋ O ＋形容詞［副詞 / 前置詞句］〉は「O が〜の状態で」という付帯状況を表す。with your mouth full は「あなたの口が食べ物でいっぱいの状態で」という意味になる。（答 ③）

📖 口にものをほおばったまま話すのは礼儀正しいとはみなされない。

🏠 状況を表す前置詞②

over は「〜をしながら」という従事を表す。over a cup of coffee は「コーヒーを飲みながら」という意味になる。（答 ②）

📖 ずいぶん会っていなかったね。コーヒーでも飲みながら話をしない？

まとめてCheck!	主な〈前置詞＋抽象名詞〉
of value	（価値のある）(=valuable)
of interest	（興味深い）(=interesting)
with care	（注意深く）(=carefully)
in silence	（静かに）(=silently)

前置詞 ④

☑ 331

He caught his sister (　　) arm.　　　　　　　　　　　　　　（神戸学院大）

① for her　　　② by the　　　③ to the　　　④ with her

☑ 332

Since I am a part-timer, I work for less than fifteen hours a week, and I am paid (　　) hour.　　　　　　　　　　　　　　　　　（杏林大）

① by the　　　② by an　　　③ for the　　　④ for an

☑ 333

She looks very much (　　) her father.　　　　　　　　　　（天使大）

① similar　　　② equal　　　③ like　　　④ same as

☑ 334

Her salary was cut (　　) 30% after the financial crisis.　（椙山女学園大）

① for　　　② by　　　③ from　　　④ at

☑ 335

The police announced that the rope had been cut (　　) something really sharp.　　　　　　　　　　　　　　　　　　　　（女子栄養大）

① for　　　② with　　　③ at　　　④ of

Words & Phrases

☑ 332	**part-timer**	(パートタイマー)
☑ 334	**financial crisis**	(金融危機)

📖 定冠詞theとともに用いる前置詞①

〈catch ＋人＋ by the arm〉は「(人)の腕をつかまえる」という意味を表す。catch one's arm が腕に注目しているのに対して、〈catch ＋人＋ by the arm〉は人に重点を置いている。(答 ②)

訳 彼は彼の妹の腕をつかまえた。

📖 定冠詞theとともに用いる前置詞②

〈by the ＋単位を表す名詞〉は「〜単位で」という意味を表す。(答 ①)

訳 私はパートなので、働くのは1週間に15時間未満で、時給で賃金をもらっている。

📖 類似・相違などを表す前置詞①

like は「〜のような、〜に似て」という類似を表す。similar to 〜は「〜と似た」、equal to 〜は「〜と同じ」、the same as 〜は「〜と同じ」という意味を表す。(答 ③)

訳 彼女は父親にとてもよく似ている [そっくりだ]。

📖 類似・相違などを表す前置詞②

by は「〜の差で、〜だけ」という差・相違の程度を表す。比較級とともに用いられることも多い。(答 ②)

訳 金融危機の後、彼女の給料は30％削減された。

📖 手段を表す前置詞①

with は「〜で、〜を用いて」という手段・道具を表す。(答 ②)

訳 警察は、ロープは何か非常に鋭利なもので切断されていたと発表した。

まとめてCheck!	byの主な用法
期限(→321)	by Friday (金曜日までに)
手段(→336)	pay by credit card (クレジットカードで支払う)
単位(→332)	buy pencils by the dozen (鉛筆をダース単位で買う)
差・相違(→334)	miss a train by a minute (1分の差で列車に乗り遅れる)

前置詞 ⑤

☑ 336

There was a terrible traffic jam because many people went home ( ) at the same time. (中央大・改)

① by a car   ② by car   ③ by the car   ④ on cars

☑ 337

I don't understand his lecture; it's ( ) me. (青山学院大)

① ahead   ② all over   ③ beyond   ④ up to

☑ 338

There's a great Indian restaurant ( ) the end of the road where I live. (南山大)

① at   ② in   ③ on   ④ by

☑ 339

Are you ( ) or against gun control? (福岡工業大)

① to   ② on   ③ for   ④ with

☑ 340

Jim left for Boston ( ) Monday morning. (十文字学園女子大)

① in   ② on   ③ at   ④ for

Words & Phrases

☑ 336	**terrible** (ひどい) **traffic jam** (交通渋滞)
☑ 339	**gun control** (銃規制)

🔖 手段を表す前置詞②

by は「～によって、～で」という**手段・方法**を表す。後に続く名詞は無冠詞で使われることに注意。（答 ②）

📖 大勢の人が同時に車で帰宅したため、ひどい交通渋滞だった。

🔖 beyondの注意すべき意味

beyond の基本的な意味は「～の向こうに、～を越えて」。そこから、**能力・範囲などの限界を超えている**ことを表すことがある。beyond me は「私の理解［能力］を超えている」→「まったくわからない」という意味になる。（答 ③）

📖 私には彼の講義が理解できない。私の理解を超えている。

🔖 場所を表す前置詞at / in / onの基本用法

at は「場所の１点」、**in** は「空間の中」、**on** は「面・線との接触」を表す。ここでは「通りの突き当たり」という場所の１点を指しているので、at を用いる。（答 ①）

📖 私が住んでいる通りの突き当たりにはすばらしいインド料理店がある。

🔖 賛成・反対を表す前置詞

for は「～に賛成して、味方して」という**賛成・支持**を、**against** は「～に反対して」という**反対・対立**を表す。for or against「～に賛成か反対か」という形で用いることも多い。（答 ③）

📖 あなたは銃規制に賛成ですか、それとも反対ですか。

🔖 時を表す前置詞at / in / onの基本用法

at は「時の１点」、**in** は「幅を持った時間」、**on** は「特定の日・曜日」を表す。「朝に」はふつう in the morning だが、「月曜日の朝に」のように特定の日の「朝」の場合は on を用いる。（答 ②）

📖 ジムは月曜日の朝にボストンに向けて出発した。

まとめてCheck! at、in、onの基本的な意味
at(点)→ 場所の1点／時の1点
in(空間)→ 空間の中／幅を持った時間
on(接触)→ 面・線との接触／特定の日・曜日

比較 ①

☑341 You look (　　) more tired than yesterday.　　　　　　　　（中部大）
① much　　　　　② so　　　　　③ many　　　　　④ very

☑342 She is (　　) healthy than she used to be.　　　　　　　　（天使大）
① little　　　　　② more little　　　　③ less　　　　④ least

☑343 When they finally found their lost child, the boy was (　　) than frightened.　　　　　　　　（酪農学園大）
① confusing much　　　　　　② more confusing
③ confused much　　　　　　④ more confused

☑344 This computer is (　　) better of the two.　　　　　　（岐阜聖徳学園大）
① such　　　　　② so　　　　　③ very　　　　　④ the

☑345 There are many stars which are (　　) than the Sun.　　　　　（日本大）
① 100 times more than bigger　　② bigger more than 100 times
③ more bigger than 100 times　　④ more than 100 times bigger

Words & Phrases

☑343 confused (まごついた)　frightened (ひどくおびえた)

👑 比較級を用いた表現①

比較級を強調して「ずっと〜、はるかに〜」と言うときは、**much、far、a lot** などを比較級の前に置く。very は比較級の強調には使えないことに注意。(答 ①)

🔖 あなたは昨日よりずっと疲れているように見える。

👑 比較級を用いた表現②

〈**less ＋原級＋ than ...**〉は「…ほど〜でない」という意味を表す。not as [so] 〜 as ... と同じ意味を表す。(答 ③)

🔖 彼女は以前ほど健康ではない。

👑 比較級を用いた表現③

more A than B は「B というよりむしろ A」という意味を表す。この形では、-er を付けて比較級にする形容詞でも〈more ＋原級〉の形を用いる。(答 ④)

🔖 彼らがやっと迷子になった子どもを見つけた時、その男の子はおびえているというよりむしろ当惑していた。

👑 比較級を用いた表現④

2 つのもの [人] を比べて、一方を「より〜」と言うときは、〈**the ＋比較級＋ of the two (...)**〉「2 つ（の…）のうちでより〜」という形を用いる。(答 ④)

🔖 このコンピューターは 2 つのうちでより優れている。

👑 比較級を用いた表現⑤

比較する相手との差を「X 倍」で表すときは、〈**X times ＋比較級＋ than ...**〉「…の X 倍〜」という形を用いる。ただし、〈X times ＋ as ＋原級＋ as ...〉を使うほうがふつう（→ 350）。(答 ④)

🔖 太陽より 100 倍以上大きな星はたくさんある。

まとめてCheck!　比較する相手との差を表す表現
〈差を表す数値＋比較級〉
He is three years **older than his sister.**（彼は彼の妹より3歳年上だ）
〈比較級＋by＋差を表す数値〉
He is older than his sister by three years.（彼は彼の妹より3歳年上だ）

比較 ②

☑346 ☖

This one is ( ) the most interesting of Agatha Christie's novels.

(国士舘大)

① by far   ② even   ③ too much   ④ very

☑347 ☖

Kyoto is generally thought to be one of ( ) in Japan.   (神奈川大)

① old city   ② older cities

③ the oldest city   ④ the oldest cities

☑348 ☖

Beijing is ( ) city in China in terms of population.   (芝浦工業大)

① the second most large   ② second large

③ second most largest   ④ the second largest

☑349 ☖

I go to New York at ( ) three times a year.   (岩手医科大)

① few   ② less   ③ lesser   ④ least

☑350 ☖

The mobile phone she bought yesterday cost three times ( ) mine.

(大東文化大・改)

① much as   ② as many as   ③ as more as   ④ as much as

Words & Phrases

☑347 **generally**（一般に）

☑348 **in terms of ~**（～の点から）

📖 最上級を用いた表現①

最上級を強調して「断然、群を抜いて」と言うときは、**by far、much を the ＋最上級**の前に置く。very も最上級を強調することがあるが、その場合は語順が〈the very ＋最上級〉になることに注意。（答 ①）

🈟 これはアガサ・クリスティーの小説の中で断然おもしろい。

📖 最上級を用いた表現②

〈**one of the ＋最上級＋名詞の複数形**〉は「最も〜な…の１つ」という意味を表す。複数あるもののうちの「１つ」ということなので、名詞は必ず複数形になることに注意。（答 ④）

🈟 京都は一般に日本で最も古い都市の１つと考えられている。

📖 最上級を用いた表現③

「X 番目に…な」と言うときは、序数（second、third、fourth など）を用いて〈**the ＋序数＋最上級（＋名詞）**〉という形を用いる。（答 ④）

🈟 北京は人口では中国で 2 番目に大きな都市だ。

📖 最上級を用いた表現④

〈**at least ＋数量**〉は「少なくとも…」という意味を表す。little の最上級 least を用いた表現。（答 ④）

🈟 私は少なくとも年に 3 回はニューヨークに行く。

📖 倍数表現①

比較する相手との差を「X 倍」で表すときは、〈**X times ＋ as ＋原級＋ as ...**〉「…の X 倍〜」という形を用いる。2 倍のときは twice を用いるのがふつう。（答 ④）

🈟 彼女が昨日買った携帯電話は、私の携帯電話の 3 倍の値段だった。

まとめてCheck!	比較の範囲の表し方
in＋場所・範囲を表す語句（→347, 348）	
Rika swims fastest in her family.（リカは彼女の家族の中で最も速く泳ぐ）	
of＋複数を表す語句（→346）	
Rika swims fastest of them all.（リカはみんなの中で最も速く泳ぐ）	

比較 ③

☑ 351 ☐
This air conditioner uses (　　) that one.　　　　　　　　(愛知医科大)
① as half much electricity as　　　　② much as half electricity as
③ half as much electricity as　　　　④ half electricity as much as

---

☑ 352 ☐
This island is almost (　　) that one.　　　　　　　　(創価大)
① as three times as　　　　　　　　② three times the size of
③ three times of　　　　　　　　　④ larger three times than

☑ 353 ☐
The older she grew, (　　) she became.　　　　　　　(跡見学園女子大)
① more active　　　　　　　　　　② more the active
③ the much active　　　　　　　　④ the more active

☑ 354 ☐
Chris began to work all (　　) harder because his salary was raised.
　　　　　　　　　　　　　　　　　　　　　　　　　　(高知大)
① much　　　　② the　　　　③ more　　　　④ far

☑ 355 ☐
Ken prefers swimming (　　) playing tennis.　　　　　　(中部大)
① in　　　　② to　　　　③ than　　　　④ on

Words & Phrases

☑ 353	**active** (活動的な)	
☑ 354	**salary** (給料)	

📋 倍数表現②

比較する相手との差が「半分」のときは、X times の代わりに half を用いて 〈**half + as +原級+ as ...**〉「…の半分の〜」という形になる。形容詞の後に名詞を続けて 〈half + as +原級+名詞+ as ...〉「…の半分の〜」という形になることもある。（答 ③）

訳 このエアコンはあのエアコンの半分しか電気を使わない。

📋 倍数表現③

「…の X 倍〜」という意味を表すには、形容詞ではなく名詞を用いて 〈**X times the +名詞+ of ...**〉「…の X 倍の〜」という形を用いることもできる。名詞には size、length、height などを用いる。（答 ②）

訳 この島はあの島の約 3 倍の大きさだ。

📋 〈the+比較級〉を用いた表現①

〈**the +比較級 ..., the +比較級 〜**〉は「…すればするほど〜」という意味を表す。〈more +形容詞［副詞］〉の場合は、×the more she became active のように more と形容詞［副詞］を離さないように注意。（答 ④）

訳 彼女は歳を取れば取るほど活動的になった。

📋 〈the+比較級〉を用いた表現②

〈**all the +比較級+ because 節**〉は「…なのでそれだけ［ますます］〜」という意味を表す。because 節の代わりに 〈for +名詞〉を用いて 〈all the +比較級+ for +名詞〉ということもできる。（答 ②）

訳 クリスは給料が上がったので、ますます一生懸命に働き始めた。

📋 比較対象に前置詞toを用いる表現①

prefer A to B は「B より A を好む」という意味を表す。この to は前置詞なので、後には名詞または動名詞が来る。（答 ②）

訳 ケンはテニスをするより水泳のほうが好きだ。

まとめてCheck!	分数表現		
half	(2分の1)		
one third	(3分の1)	two thirds	(3分の2)
one [a] quarter	(4分の1)	three quarters	(4分の3)
one fifth	(5分の1)	four fifths	(5分の4)

比較 ④

356 Ted's dancing skill is exceptionally superior (　　) others'. (金沢工業大)
　① as　　　　② of　　　　③ than　　　　④ to

357 Some people say money is (A) important than (B) in life.
(東京農業大)
　① A：most　B：any another things　　② A：more　B：any other thing
　③ A：more　B：every other things　　④ A：most　B：some another thing

358 (A) in this class is as kind (B) Abbie.　She always helps people who are in trouble. (センター試験)
　① A：Anybody　B：as　　　　② A：Anybody　B：than
　③ A：Nobody　B：as　　　　④ A：Nobody　B：than

359 You should have known better than (　　) such things. (立命館大)
　① do　　　　② doing　　　　③ done　　　　④ to do

360 There are a growing number of villages in the countryside that are (　　) inhabited because of changes in the local economy. (慶應義塾大)
　① longer not　　② no longer　　③ not longer　　④ none longer

Words & Phrases

☑ 356	**exceptionally** (並外れて)	
☑ 358	**be in trouble** (困っている)	
☑ 360	**countryside** (いなか)　**inhabit** (～に居住する)	

👑 比較対象に前置詞toを用いる表現②

be superior to ～ は「～より優れている」という意味を表す。比較の対象は than ではなく to で表すことに注意。（答 ④）

訳 テッドのダンスの技量はほかの者より格別に優れている。

👑 原級や比較級を用いて最上級の意味を表す表現①

〈S is ＋比較級＋ than any other ＋名詞の単数形〉は「S はほかのどの…よりも～だ」という意味を表す。比較級を用いて最上級の意味を表す表現。any other の後の名詞は必ず単数形になることに注意。（答 ②）

訳 お金は人生でほかの何よりも大切だと言う人もいる。

👑 原級や比較級を用いて最上級の意味を表す表現②

〈Nobody [No one] (else) is as [so] ＋原級＋ as ...〉は「（ほかの）だれも…ほど～でない」という意味を表す。原級を用いて最上級の意味を表す表現。（答 ③）

訳 このクラスのだれひとりとして、アビーほど親切な人はいない。彼女はいつも困っている人を助ける。

👑 比較級を用いた慣用表現①

know better than to do は「～するほどばかではない、～しないだけの分別がある」という意味を表す。比較級を用いた慣用表現。（答 ④）

訳 あなたはこんなことをしないだけの分別を持っているべきだった。

👑 比較級を用いた慣用表現②

no longer は「もはや～ない」という意味を表す。not ～ any longer でも同じような意味を表すことができる。（答 ②）

訳 いなかでは地域経済の変化のため、もはや人の住んでいない村が増えている。

まとめてCheck!	比較対象に前置詞toを用いる表現
senior to ～	（～より地位が上の）
junior to ～	（～より地位が下の）
superior to ～	（～より優れた）（→356）
inferior to ～	（～より劣った）

比較 ⑤

☑ 361

She studied as hard as (   ). (大阪産業大)

① best ② can ③ could ④ possible

☑ 362

A tweet you see on your smartphone is (   ) reliable than a rumor you hear in the street. (京都女子大)

① as ② either ③ no more ④ not

☑ 363

That tree is (   ) tall as this building. (東邦大)

① over ② as ③ more ④ less

☑ 364

(   ) 13.4 million foreign visitors came to Japan last year. (芝浦工業大)

① As many as ② Many ③ So many ④ So much as

☑ 365

He was so generous that he gave (   ) three million yen to the museum. (明星大)

① no fewer than ② no less than

③ no more than ④ no richer than

Words & Phrases

☑ 362 **tweet** (ツイート、つぶやき) **reliable** (信頼できる)
☑ 365 **generous** (気前のよい)

📖 原級を用いた慣用表現

as ～ as possible は「できるだけ～」という意味を表す。as ～ as S can でも同じような意味を表すことができる。（答 ④）

📝 彼女はできるだけ一生懸命に勉強した。

📖 no more ... than ～ / no less ... than ～の表現

A is no more B than C は「A が B でないのは C（が B でないの）と同じ」という意味を表す。A is not B any more than C も同じ意味を表す。A is no less B than C は「A が B であるのは C（が B であるの）と同じ」という意味。（答 ③）

📝 あなたがスマートフォンで見るツイートが信頼できないのは、通りで聞く噂が信頼できないのと同じことだ。

📖 原級を用いた比較

〈**as ＋原級＋ as ...**〉は「…と同じくらい～」という意味を表す。原級を用いた比較の基本的な形。（答 ②）

📝 あの木はこの建物と同じくらいの高さだ。

📖 原級を用いて数量の多少を強調する表現

〈**as many as ＋数詞＋名詞**〉は「～もの数の…」という意味を表す数の多さなどを強調する表現。量を強調して「～もの量の…」と言う場合は〈as much as ＋数詞＋名詞〉を用いる。（答 ①）

📝 昨年は 1340 万もの外国人観光客が日本を訪れた。

📖 〈no＋比較級＋than〉などを用いた表現

〈**no less than ＋数詞＋名詞**〉は「～ほども多くの…」という意味を表す。〈no more than ＋数詞＋名詞〉は「たった～の…」という意味になる。（答 ②）

📝 彼はとても気前がいいので、博物館に 300 万円も寄付した。

まとめてCheck!　〈no＋比較級＋than〉などを用いた表現	
no more than ～	（たったの～）
no less than ～	（～ほども多くの～）
not more than ～	（～より多くない→せいぜい～）（=at most）
not less than ～	（～より少なくない→少なくとも～）（=at least）

☑ 366

The population of this city is much larger than (　　).　　　(拓殖大)

① that of New York　　　　　② New York

③ of New York　　　　　　　④ New York has

☑ 367

The customs of this country are quite different from (　　) of Japan.

(天理大)

① one　　　② ones　　　③ that　　　④ those

☑ 368

My father always tries to help (　　) who are in need.　(女子栄養大)

① everyone　　② these　　③ those　　④ them

☑ 369

Please send an e-mail to (　　) present at the last party.　(駒澤大)

① these　　② whom　　③ those who　　④ those

☑ 370

I don't like this hat. Could you show me (　　), please?　(駒沢女子大)

① another　　② hat　　③ one　　④ other

Words & Phrases

☑ 367　**custom** (習慣)

☑ 368　**in need** (困っている)

🔖 that / thoseの用法①

前出の〈the ＋名詞の単数形〉のくり返しを避けるために that を用いることがある。ここでは、the population of this city と the population of New York を比較しているが、the population のくり返しを避けるために that of New York とする。（答 ①）

🔖 この市の人口はニューヨークの人口よりずっと多い。

🔖 that / thoseの用法②

前出の〈the ＋名詞の複数形〉のくり返しを避けるために those を用いることがある。ここでは、the customs of this country と the customs of Japan を比較しているが、the customs のくり返しを避けるために those of Japan とする。（答 ④）

🔖 この国の習慣は日本とはかなり違う。

🔖 that / thoseの用法③

those who 〜の形で「〜する人々」という意味を表す。この who は関係代名詞。（答 ③）

🔖 私の父はいつでも困っている人々を助けようとする。

🔖 that / thoseの用法④

those who 〜の who 節中の動詞が be 動詞の場合、who と be 動詞は省略されることがある。ここでは、those who were present の〈who ＋ be 動詞〉が省略されている。（答 ④）

🔖 前回のパーティーの出席者にメールを送ってください。

🔖 another / the other / others / the othersの用法①

another は「もう１つ [１人]、別のもの [人]」という意味を表す。複数のもの [人] の中から別の不特定の１つ [１人] を指すときに用いる。（答 ①）

🔖 この帽子は好きになれません。別のものを見せていただけますか。

まとめてCheck!	this / that / these / those
this	話者にとって空間的・心理的に近いものを指す（1つ[1人]）
that	話者にとって空間的・心理的に遠いものを指す（1つ[1人]）
these	話者にとって空間的・心理的に近いものを指す（2つ[2人]以上）
those	話者にとって空間的・心理的に遠いものを指す（2つ[2人]以上）

157

代名詞 ②

☑ 371
Language teachers need to be aware that knowing about a language is one thing, and using it fluently is (　　). (大阪教育大)

① another　　② other　　③ other thing　　④ the thing

☑ 372
One of these doors has been making squeaking noises, and (　　) has a loose hinge. (工学院大)

① other　　② others　　③ the other　　④ the others

☑ 373
Some people like to go abroad, while (　　) do not. (川崎医療福祉大)

① another　　② others　　③ the ones　　④ the others

☑ 374
(　　) of the students is responsible for that accident. (京都女子大)

① All　　② Each　　③ Every　　④ Some

☑ 375
The train service is excellent. There's a train (　　) five minutes.
(岩手医科大)

① all　　② always　　③ every　　④ each

Words & Phrases

☑ 371	**fluently** (流ちょうに)
☑ 372	**squeak** (キーキー音を出す)　**loose** (ゆるい)　**hinge** (ちょうつがい)
☑ 374	**be responsible for ~** (~に対して責任がある)

👑 another / the other / others / the othersの用法②

A is one thing, (and) B is another は「AとBとは別物だ」という意味を表す。（答 ①）

🈩 語学教師は、ある言語について知っていることとそれを流ちょうに使うことは別物だと認識している必要がある。

👑 another / the other / others / the othersの用法③

the other は「（2つ[2人]のうちの）もう一方」という意味を表す。the others は「（3つ[3人]以上のうちの）残りすべて」、others は「（3つ[3人]以上のうちの不特定の）ほかのいくつか」という意味を表す。（答 ③）

🈩 これらのドアのうち、1つはキーキーきしむ音がしていて、もう1つはちょうつがいがゆるんでいる。

👑 another / the other / others / the othersの用法④

some ～ others ... は「～する人もいれば…する人もいる」という意味を表す。others は「（3つ[3人]以上のうちの不特定の）ほかのいくつか[何人か]」という意味を表す。（答 ②）

🈩 外国に行くことが好きな人もいれば、そうでない人もいる。

👑 each / everyの用法①

〈**each of + the [one's]＋名詞の複数形**〉は「それぞれの～」という意味を表す。このeach は「それぞれのもの[人]」という意味の代名詞。each は常に単数扱いになることに注意。（答 ②）

🈩 学生の一人ひとりがあの事故に対して責任がある。

👑 each / everyの用法②

〈**every ＋数詞＋名詞の複数形**〉は「～ごとに」という意味を表す。every は「（3つ[3人]以上の）どの～も」という意味を表す形容詞。（答 ③）

🈩 列車の運行がすばらしい。5分ごとに列車が来る。

まとめてCheck!	another / the other / others / the others
another	「（3つ[3人]以上から1つを取り上げた後に）別の1つ[1人]」
others	「（3つ[3人]以上からいくつかを取り上げた後に）ほかのいくつか」
the other	「（2つ[2人]のうちの）もう一方」
the others	「（3つ[3人]以上のうちの）残りすべて」

代名詞 ③

376 I have a private English lesson (　　) day. （神戸学院大）
① other every　② every other　③ one another　④ each other

377 (　　) my classmates are very interested in learning about Chinese culture. （甲南大）
① Most　② Almost　③ Most of　④ Almost of

378 According to scientists, pollution is now a serious problem in (　　) countries. （南山大）
① almost　② most of　③ the most　④ most

379 I lost (　　) the coins I had collected. （日本大）
① almost　② almost all　③ most　④ the most of

380 I have a new bag and several old (　　). （和光大）
① it　② one　③ ones　④ them

Words & Phrases

☑378　**pollution** (汚染)

🏅 each / everyの用法③

〈**every other ＋名詞の単数形**〉は「1つおきの」という意味を表す。every は「(3つ [3人] 以上の) どの〜も」という意味を表す形容詞。(答 ②)

訳 私は1日おきに英語の個人レッスンを受けている。

🏅 most / almostの用法①

most of 〜は「〜の大部分 [ほとんど]」という意味を表す。この most は代名詞で、of の後には〈the [one's / these / those]＋数えられる名詞の複数形〉、〈the [one's / this / that]＋数えられない名詞〉か代名詞が続く。(答 ③)

訳 私のクラスメートの大部分は中国の文化について学ぶことに大きな関心を持っている。

🏅 most / almostの用法②

〈**most ＋名詞**〉は「ほとんど [大部分] の〜」という意味を表す。この most は形容詞で、後には数えられる名詞の複数形か数えられない名詞が続く。(答 ④)

訳 科学者によると、汚染は今やほとんどの国で深刻な問題になっている。

🏅 most / almostの用法③

almost all (of) 〜は「〜のほとんど (すべて)」という意味を表す。この almost は副詞で、後には〈the [one's / these / those]＋数えられる名詞の複数形〉、〈the [one's / this / that]＋数えられない名詞〉か代名詞が続く。(答 ②)

訳 私は収集したコインをほとんどなくしてしまった。

🏅 oneの用法①

前出の〈a / an ＋数えられる名詞の単数形〉のくり返しを避けるために one を用いることがある。前出の名詞が複数形の場合は ones を用いる。〈修飾語句＋ one / ones〉の形で用いることもできる。(答 ③)

訳 私は新しいバッグを1つと、古いものをいくつか持っている。

まとめてCheck!	one / it
one	前出の〈a / an＋数えられる名詞の単数形〉(不特定のもの)の代わりに用いる
it	前出の〈the＋数えられる名詞の単数形〉(特定のもの)の代わりに用いる

代名詞 ④

☑ 381

The library staff told me not to borrow any more books, since I hadn't yet returned (　) I borrowed last time. (清泉女子大)

① it   ② the one   ③ them   ④ that

☑ 382

I've been cooking, cleaning my room, and washing my clothes all (　) since I started working. (岐阜聖徳学園大)

① with myself ② for itself ③ for oneself ④ by myself

☑ 383

Please help (　); there's plenty of it. (兵庫医療大)

① more food to yourself   ② yourself to more food

③ food to yourself more   ④ to food yourself more

☑ 384

(　) may be surprising to some people that carbon dioxide accounts for only about 0.03 percent of the earth's atmosphere. (湘南工科大)

① It   ② That   ③ This   ④ What

☑ 385

An elbow injury made (　) continue playing in the tennis match.

(福岡大)

① her impossible that she   ② her impossible to

③ impossible for her to   ④ it impossible for her to

Words & Phrases

☑ 383 **plenty of ～** (十分な～)

☑ 384 **carbon dioxide** (二酸化炭素) **atmosphere** (大気)

📑 oneの用法②

one / ones に the が付き、特定のもの・人を指すことがある。その場合、後に修飾語句を伴う。（答 ②）

🔴 私が前回借りた本をまだ返していなかったので、図書館の職員はほかの本を借りないようにと私に言った。

📑 再帰代名詞を用いた慣用表現①

by oneself は「自分で、ひとりで」という意味を表す慣用表現。ここでは、前の all（まったく、もっぱら）で強調されている。（答 ④）

🔴 私は働き始めてから、料理、自分の部屋の掃除、自分の服の洗濯を全部自分でやっている。

📑 再帰代名詞を用いた慣用表現②

help oneself to 〜は「（食べ物など）を自分で取って食べる」という意味の慣用表現。（答 ②）

🔴 食べ物のお代わりはご自由に。食べ物は十分にありますので。

📑 形式主語・形式目的語のit①

不定詞や that 節が主語になる場合は、主語の位置に形式的に it を置き、不定詞や that 節を文末に置くことが多い。この it を**形式主語**という。（答 ①）

🔴 二酸化炭素は地球の大気の約 0.03%しか占めていないということに驚く人もいるかもしれない。

📑 形式主語・形式目的語のit②

不定詞や that 節が SVOC の文の O になる場合は、O の位置に形式的に it を置き、不定詞や that 節を文末に置く。この it を**形式目的語**という。（答 ④）

🔴 ひじのけがのせいで、彼女がテニスの試合でプレーを続けることは不可能になった。

まとめてCheck!	再帰代名詞を使った慣用表現		
in oneself	（それ自体では、本来）	**behave oneself**	（ふるまう、行儀よくする）
talk to oneself	（ひとり言を言う）	**say to oneself**	（心の中で思う）
beside oneself (with 〜)	（（悲しみ・喜びなどで）我を忘れて）		
make oneself at home	（くつろぐ）		

163

代名詞 ⑤

☑ 386

I don't like (　　) dictionary I bought last year.　　　　　（金城学院大）

① both　　　　② either　　　　③ neither　　　　④ none

☑ 387

(　　) team scored any goals in the football game yesterday.
　　　　　　　　　　　　　　　　　　　　　　　　　　（関西医療大）

① Both　　　　② Neither　　　　③ Either　　　　④ Nor

☑ 388

She received an interesting letter from a friend of (　　).　（駒澤大）

① her　　　　② herself　　　　③ itself　　　　④ hers

☑ 389

(　　) student of this school knows that teacher.　　　　（亜細亜大）

① All　　　　② Any　　　　③ A little　　　　④ A few

☑ 390

There are many foreign teachers in our university, but (　　) of them
come from Asia.　　　　　　　　　　　　　　　　　　　（岩手医科大）

① none　　　　② neither　　　　③ nobody　　　　④ not

Words & Phrases

☑ 387　**score** ((点数)を得点する)

🔖 either / neitherの用法①

either は「(2つ [2人] のうちの) どちらか一方」という意味を表す。ここでは、〈either＋名詞の単数形〉の形で形容詞として用いられている。〈not ... either＋名詞の単数形〉は「どちらの〜も…ない」という意味を表す。(答 ②)

🈩 私は去年買った辞書のどちらも好きでない。

🔖 either / neitherの用法②

neither は「(2つ [2人] のうちの) どちらも〜ない」という意味を表す。ここでは、〈neither＋名詞の単数形〉の形で形容詞として用いられている。(答 ②)

🈩 昨日のサッカーの試合では、どちらのチームもゴールを決められなかった。

🔖 所有代名詞の用法

所有代名詞は「〜のもの」という〈所有格＋名詞〉と同じ意味を表す。冠詞と所有格を名詞の前に並べることはできないので、その場合は所有代名詞を使って**〈冠詞＋名詞＋ of ＋所有代名詞〉**の形を用いる。(答 ④)

🈩 彼女は友だちからおもしろい手紙をもらった。

🔖 anyの用法

any 「いくらか」は、ふつう疑問文・否定文・if 節で用いる。肯定文で用いると、「どれでも、どんな〜でも」という意味を表す。ここでは、〈any ＋名詞の単数形〉の形で形容詞として用いている。(答 ②)

🈩 この学校のどんな生徒も [この学校の生徒ならだれでも] あの先生を知っている。

🔖 noneの用法

none は「(3つ [3人] 以上のうちの) どれ [だれ] も〜ない」という意味を表す。none は原則として単数扱いだが、後に名詞の複数形が続く場合はしばしば複数扱いされる。(答 ①)

🈩 私たちの大学には外国人教師がたくさんいるが、アジア出身の教師は 1 人もいない。

まとめてCheck!	both / either / neither
both of 〜	「(2つ[2人])の両方」
either of 〜	「(2つ[2人])のどちらでも、どちらか一方」
neither of 〜	「(2つ[2人])のどちらも〜ない」

助動詞 ①

☑ 391

She ( ) if she wanted to win the tournament.　　　　　　　（東洋大）

① had practiced
② is practicing
③ had been practicing
④ should have practiced

☑ 392

I wonder where Sarah is. She left her home hours ago to meet me here at Tokyo Station, so she ( ) by now.　　　　　　　（南山大）

① should have arrived
② will arrive
③ has arrived
④ might arrive

☑ 393

I'm sorry, but you'll have to pay a fine. You ( ) those books back to the library last week.　　　　　　　（東京医科大・改）

① had better bring
② ought to bring
③ ought to be bringing
④ ought to have brought

☑ 394

When I arrived at the meeting, there was nobody there. It had been cancelled. I ( ).　　　　　　　（玉川大）

① needed to go
② didn't like to go
③ cannot have gone
④ needn't have gone

☑ 395

I ( ) the man before; but honestly, I don't remember him at all.
　　　　　　　（亜細亜大）

① might see
② cannot see
③ might have seen
④ cannot have seen

Words & Phrases

☑ 393　**fine**（罰金）
☑ 395　**honestly**（正直に言えば）

🎩 助動詞＋have *done* ①

should have *done* は「〜するべきだった（のに実際はしなかった）」という**後悔や非難**を表す。（答 ④）

🔱 彼女はトーナメントで優勝したかったのなら練習すべきだった。

🎩 助動詞＋have *done* ②

should have *done* は「〜したはずだ」という**過去のことに対する推量**を表すこともある。（答 ①）

🔱 サラはどこにいるのだろうか。この東京駅で私と会うために彼女は何時間も前に家を出たのだから、今頃はもう到着しているはずなのだけれど。

🎩 助動詞＋have *done* ③

ought to have *done* は「〜するべきだった（のに実際はしなかった）」という**後悔や非難**を表す。should have *done* と同じく、過去に対する推量を表すこともある。（答 ④）

🔱 申し訳ありませんが、あなたは罰金を払わなければなりません。それらの本は先週図書館に返すべきでした。

🎩 助動詞＋have *done* ④

need not [needn't] have *done* は「〜する必要はなかった（のに実際はした）」という意味を表す。（答 ④）

🔱 私が会議の場に到着すると、そこにはだれもいなかった。会議は中止されていたのだ。私は行く必要がなかった。

🎩 助動詞＋have *done* ⑤

might have *done* は「〜したかもしれない」という**過去のことに対する推量**を表す。**may have *done*** でも同じ意味を表す。（答 ③）

🔱 その男性には以前会ったことがあるかもしれない。しかし、正直に言えば、彼のことをまったく覚えていない。

まとめてCheck! 主な〈助動詞＋have *done*〉①	
should have *done*	（〜するべきだった／〜したはずだ）
ought to have *done*	（〜するべきだった／〜したはずだ）
need not [needn't] have *done*	（〜する必要はなかった）
may [might] have *done*	（〜したかもしれない）

助動詞 ②

☑ 396 ☐

When I woke up this morning, the TV was on. I (　　) to turn it off.

(岩手医科大)

① would forget　　　　　　② could forget
③ must have forgotten　　　④ ought to have forgotten

☑ 397 ☐

You (　　) Helen in London this morning. She has been in New York for a week.　　　(愛知学院大)

① can't have seen　　　　② must have seen
③ needn't have seen　　　④ should have seen

☑ 398 ☐

It (　　) worse; no one died in the train accident.　　(十文字学園女子大)

① must be　　　　　　② might be
③ should be　　　　　④ could have been

☑ 399 ☐

I (　　) go fishing with my grandfather when I was a child.

(大阪産業大)

① use to　　② used to　　③ was use to　　④ was used to

☑ 400 ☐

This is now an apartment building, but it (　　) a post office.

(立命館大)

① used as　　② used for　　③ used to be　　④ was used

Words & Phrases

☑ 396　**turn ～ off** ((テレビなど)を消す)
☑ 399　**go** *doing* (～しに行く)

👑 助動詞＋have *done* ⑥

must have *done* は「〜したにちがいない」という**過去のことに対する強い推量**を表す。（答 ③）

📘 今朝、目を覚ますとテレビがついていた。消し忘れたにちがいない。

👑 助動詞＋have *done* ⑦

cannot [can't] have *done* は「〜したはずがない」という**過去のことに対する強い否定の推量**を表す。（答 ①）

📘 あなたは今朝ロンドンでヘレンを見たはずがない。彼女はこの 1 週間ニューヨークにいるのだから。

👑 助動詞＋have *done* ⑧

could have *done* は「〜だったこともありえる［かもしれない］」という**過去のことに対する可能性・推量**を表す。It could have been worse. は「それ［事態］はもっと悪かったこともありえる→その程度で済んでよかった［不幸中の幸い］」という意味。（答 ④）

📘 その程度で済んでよかった。列車事故で死者が 1 人もいなかったのだから。

👑 used to *do* / would (often) *do* ①

used to *do* は「以前はよく〜した」という**過去の習慣的動作**を表す。「過去にはしていたが今はしていない」という現在との対比の意味が含まれる。〈be used to ＋名詞〉「〜に慣れている」との違いに注意。（答 ②）

📘 私は子どもの頃、よく祖父といっしょに釣りに行ったものだ。

👑 used to *do* / would (often) *do* ②

used to *do* は「以前は〜だった」という**過去の状態**を表すこともある。「過去は〜だったが今はそうではない」という現在との対比の意味が含まれる。（答 ③）

📘 これは今はアパートだが、以前は郵便局だった。

まとめてCheck!	主な〈助動詞＋have *done*〉②
must have *done*	（〜したにちがいない）
cannot [can't] have *done*	（〜したはずがない）
could have *done*	（〜だったかもしれない）

助動詞 ③

☑ 401

When Alex was a child, he (　　) get up early and make breakfast for his brothers and sisters.　　　　　　　　　　　　　　　　（関西学院大）

① had been to　　② has to　　　　③ should　　　　④ would

☑ 402

You (　　) be too careful in crossing a street.　　　　（金城学院大）

① cannot　　　② might not　　③ must　　　④ should

☑ 403

Some people are obsessed with social networking and they can't help (　　) their smartphone all the time.　　　　　　　　（崇城大）

① checked　　② check　　　③ to check　　④ checking

☑ 404

You might (　　) spend your time in other ways.　　　　（松山大）

① as well　　② so well　　③ as much　　④ so much

☑ 405

I'd rather have dinner at home than (　　) out this evening.

（長崎県立大）

① eat　　　② eating　　③ eaten　　④ to eat

Words & Phrases

☑ 402　**in *doing*** (〜する時に)
☑ 403　**be obsessed with 〜** (〜に取りつかれている)
☑ 405　**eat out** (外で食事をする)

👑 used to *do* / would (often) *do* ③

would (often) *do* は「以前はよく〜したものだ」という**過去の習慣的動作**を表す。used to *do* と異なり、過去と現在を対比したり過去の状態を表したりする意味はない。(答 ④)

📖 アレックスは子どもの頃、早起きして兄弟姉妹のために朝食を用意したものだ。

👑 助動詞を用いた慣用表現①

cannot [can't] *do* too ... は「いくら〜してもしすぎることはない」という意味を表す。too の後には形容詞や副詞が来る。(答 ①)

📖 通りを渡る時には、いくら注意してもしすぎることはない。

👑 助動詞を用いた慣用表現②

cannot [can't] help *doing* は「〜せずにいられない」という意味を表す。**cannot [can't] help but *do*** も同じような意味を表す。(答 ④)

📖 ソーシャルネットワークのことばかり考えていて、いつも自分のスマートフォンをチェックせずにいられない人がいる。

👑 助動詞を用いた慣用表現③

might [may] as well *do* は「〜したほうがよい、〜してもよいのではないか」という**控えめな提案**を表す。had better よりも控えめな表現。(答 ①)

📖 あなたは別のやり方で時間を過ごしてもいいんじゃないかな。

👑 would rather *do* ①

would rather *do* (than *do*) は「(…するよりも)むしろ〜したい」という意味を表す。would rather と than の後はそれぞれ動詞の原形になることに注意。(答 ①)

📖 今夜は外食するより家で夕食をとりたい。

まとめてCheck!　助動詞を用いたその他の慣用表現	
cannot [can't] afford to *do*	(〜する(お金・時間などの)余裕がない)
may [might] well *do*	(おそらく〜するだろう)
may [might] as well *do* as *do*	(〜するくらいなら…したほうがましだ)
would like to *do*	(〜したいのですが)

助動詞 ④

406
I would ( ) such an expensive dictionary. (佛教大)
① rather not buy
② not rather buy
③ rather not to buy
④ not rather to buy

407
The book on Greek history is now available by mail order, so you ( ) visit a bookstore. (日本大)
① mustn't
② don't have to
③ can
④ may not

408
My mother was out last night, so I ( ) dinner for myself. (法政大)
① must have cooked
② had to cook
③ must cook
④ had cooked

409
Travelers ( ) their reservations early if they want to fly during the holiday seasons. (青山学院大)
① had better to make
② had to make better
③ had better make
④ had better made

410
You ( ) speak ill of others. (二松學舍大)
① don't had better
② had better not
③ had not better
④ had better to

Words & Phrases

☑ 407	**mail order** (通信販売)
☑ 409	**make one's reservation** (予約する)
☑ 410	**speak ill of ~** (~のことを悪く言う)

👑 would rather *do* ②

would rather not *do* は「(どちらかというと) 〜したくない」という**控えめな拒絶**を表す。
would rather *do* の否定形。not の位置に注意。(答 ①)

訳 私はこんなに高価な辞書はできれば買いたくない。

👑 have to *do* ①

don't have to *do* は「〜する必要はない」という**不必要**を表す。must not [mustn't] *do*「〜
してはいけない」(禁止) との違いに注意。(答 ②)

訳 そのギリシャ史の本は今、通信販売で入手できるので、あなたは書店を訪れる必要はあ
りません。

👑 have to *do* ②

had to *do* は「〜しなければならなかった」という**過去の義務**を表す。must には過去形が
ないので、過去の義務を表すときは have to の過去形 had to を用いる。(答 ②)

訳 母は昨夜外出していたので、私は自分で夕食を作らなければならなかった。

👑 had better *do* ①

had better *do* は「〜したほうがよい」という**忠告**を表す。had という過去形が使われているが、
現在のことを表すことに注意。(答 ③)

訳 旅行者は休暇シーズンに飛行機を利用したいなら、早めに予約したほうがよい。

👑 had better *do* ②

had better not *do* は「〜しないほうがよい」という**忠告**を表す。had better *do* の否定形。
not の位置に注意。(答 ②)

訳 あなたは他人の悪口を言わないほうがいいですよ。

まとめてCheck!	have toとmust
① 義務・必要「〜しなければならない」　have to *do* / must *do*	
② 禁止「〜してはいけない」　must not [mustn't] *do*	
③ 不必要「〜する必要はない」　don't have to *do*	
④ 確信「〜にちがいない」　must *do* (→415)	

助動詞 ⑤

411

John ( ) be hungry. That's impossible. I just saw him eat a huge meal. 　　　　　　　　　　　　　　　　　　　　　　　　（昭和大・改）

① must　　　　② couldn't　　　　③ might not　　　　④ can

412

Happy new year! ( ) this year bring you happiness!　　（杏林大・改）

① Can　　　　② Shall　　　　③ Must　　　　④ May

413

It is essential that they ( ) understand.　　　　　　（金城学院大）

① shall　　　　② should　　　　③ will　　　　④ would

414

They became desperate because the emergency door ( ) open. 　　　　　　　　　　　　　　　　　　　　　　　　　　　（立教大）

① don't　　　　② needn't　　　　③ shouldn't　　　　④ wouldn't

415

The lights in the office are still on; there ( ) be someone still inside. 　　　　　　　　　　　　　　　　　　　　　　　　　　（東京経済大）

① shall　　　　② must　　　　③ used to　　　　④ need not

Words & Phrases

413　**essential** (絶対に必要な)

414　**desperate** (絶望的な)　**emergency door** (非常扉)

🔖 can

cannot [can't] / could not [couldn't] *do* は「〜であるはずがない」という**現在の否定的な確信**を表す。could not [couldn't] のほうが確信の度合いが低い。（答 ②）

📖 ジョンが空腹のはずはない。それはありえない。私は彼がボリューム満点の食事をとるところをたった今見たのだから。

🔖 may

May S *do*! は「S が〜しますように」という**祈願**を表す。主に書き言葉で用い、話し言葉では I hope (that) S will *do*. と言うことが多い。（答 ④）

📖 明けましておめでとうございます！　今年があなたに幸福をもたらしますように！

🔖 that節で用いるshould

essential などの**「必要」「重要」**などを表す形容詞に続く **that 節**では〈**should ＋動詞の原形**〉が用いられる。should を用いず動詞の原形になることも多い。（答 ②）

📖 彼らが事情を理解していることが絶対に必要だ。

🔖 主語の意志を表すwill / would

would not [wouldn't] *do* は「どうしても〜しなかった」という**過去の拒絶・強い否定的意志**を表す。主語が物の場合にも用いられる。（答 ④）

📖 非常扉がどうしても開かなかったので、彼らは絶望的な気分になった。

🔖 must

must *do* は「〜にちがいない」という**確信のある推量**に用いる。この用法の must は、後に状態を表す動詞や進行形が続く。（答 ②）

📖 オフィスの明かりがまだついている。中にまだだれかいるにちがいない。

まとめてCheck!　that節でshouldを用いる場合
①「要求」「提案」などを表す動詞に続くthat節（→048-050）
②「必要」「重要」などを表す形容詞に続くthat節（→413）
③「判断」「感情」を表す形容詞に続くthat節
It is natural **that** he should get angry.　（彼が怒るのも当然だ）

形容詞 ①

☑ 416 ☐
It ( ) for me to learn that he had quit school.　　　　　（摂南大）
① shocked　　　　　　　　　　　② would shock
③ was shocked　　　　　　　　　④ was shocking

☑ 417 ☐
The party was kind of ( ), so I left early.　　　　　（岩手医科大）
① boring　　　② bored　　　③ bore　　　④ boredom

☑ 418 ☐
It is ( ) that Frank won the piano contest. Little did I imagine he was such a good musician.　　　　　（愛知学院大）
① surprise　　　② surprised　　　③ surprising　　　④ to surprise

☑ 419 ☐
Mary was so ( ) about going to the concert.　　　　　（会津大）
① exciting　　　② excitement　　　③ excites　　　④ excited

☑ 420 ☐
I always feel ( ) when I get back home after school.　　（宮城学院女子大）
① tire　　　② tired　　　③ tiring　　　④ to tire

Words & Phrases

☑ 417　**kind of** (ちょっと)
☑ 418　**imagine** (〜を想像する)

📖 分詞形容詞①

shock「(人) に衝撃を与える」から派生した分詞形容詞の **shocking** は「(人に) 衝撃を与える→衝撃的な」、**shocked** は「(人が) 衝撃を受けた」という意味を表す。ここでは「彼が退学したことが私に衝撃を与えた」という内容を表しているので、shocking を用いる。(答 ④)

📖 彼が退学したと知ったことは、私にとってショッキングだった。

📖 分詞形容詞②

bore「(人) を退屈させる」から派生した分詞形容詞の **boring** は「(人を) 退屈させる」、**bored** は「(人が) 退屈した」という意味を表す。ここでは「パーティーが人を退屈させる」という内容を表しているので、boring を用いる。(答 ①)

📖 そのパーティーはちょっと退屈だったので、早々に退席した。

📖 分詞形容詞③

surprise「(人) を驚かせる」から派生した分詞形容詞の **surprising** は「(人を) 驚かせる」、**surprised** は「(人が) 驚いた」という意味を表す。ここでは「優勝したことは人を驚かせる」という内容を表しているので、surprising を用いる。(答 ③)

📖 フランクがピアノ・コンテストで優勝したのは驚くべきことだ。私は彼がそんなに優れた音楽家だとは思ってもみなかった。

📖 分詞形容詞④

excite「(人) を興奮させる」から派生した分詞形容詞の **exciting** は「(人を) 興奮させる」、**excited** は「(人が) 興奮した」という意味を表す。ここでは「メアリーが興奮している」という内容を表しているので、excited を用いる。(答 ④)

📖 メアリーはコンサートに行くことにとてもわくわくしていた。

📖 分詞形容詞⑤

tire「(人) を疲れさせる」から派生した分詞形容詞の **tiring** は「(人を) 疲れさせる」、**tired** は「(人が) 疲れた」という意味を表す。ここでは「私が疲れている」という内容を表しているので、tired を用いる。(答 ②)

📖 私は学校が終わって家に帰るといつも疲れを感じる。

まとめてCheck! 分詞形容詞
動詞の意味が薄れ、形容詞のように使われるようになった分詞を分詞形容詞という。
現在分詞　能動の意味(人を~させる)を表す分詞形容詞になる。
過去分詞　受動・完了の意味(人が~された、~した)を表す分詞形容詞になる。
主な分詞形容詞は　→p.111, p.113

形容詞 ②

☑ 421 ☐

We are very ( ) with your work performance.　　　（京都女子大）

① pleasant　　　② pleased　　　③ pleasing　　　④ pleasure

☑ 422 ☐

John appeared ( ) with the results of his experiment.　（愛知淑徳大）

① satisfactory　　② satisfying　　③ satisfied　　④ to satisfy

☑ 423 ☐

While talking on the phone, I could tell from her voice that she was very
( ) at not getting the job.　　　（獨協医科大）

① disappoint　　　　　　　② disappointing

③ disappointed　　　　　　④ disappointment

☑ 424 ☐

My mother bought ( ) furniture for my new apartment.　（芝浦工業大）

① a couple of　　② several　　③ too many　　④ a lot of

☑ 425 ☐

( ) people agreed with his idea that the event be postponed.
　　　（岐阜聖徳大）

① Any　　　　　② A little　　　③ None　　　④ Few

Words & Phrases

☑ 422	**experiment** (実験)
☑ 424	**furniture** (家具(★数えられない名詞))
☑ 425	**postpone** (～を延期する)

📑 分詞形容詞⑥

please「(人)を満足させる」から派生した分詞形容詞の **pleasing** は「(人を)満足させる」、**pleased** は「(人が)満足した」という意味を表す。ここでは「私たちが満足している」という内容を表しているので、pleased を用いる。(答 ②)

🔳 我々はあなたの勤務成績に非常に満足しています。

📑 分詞形容詞⑦

satisfy「(人)を満足させる」から派生した分詞形容詞の **satisfying** は「(人を)満足させる」、**satisfied** は「(人が)満足した」という意味を表す。ここでは「ジョンが満足している」という内容を表しているので、satisfied を用いる。(答 ③)

🔳 ジョンは実験の結果に満足しているようだった。

📑 分詞形容詞⑧

disappoint「(人)をがっかりさせる」から派生した分詞形容詞の **disappointing** は「(人を)がっかりさせる」、**disappointed** は「(人が)がっかりした」という意味を表す。ここでは「彼女ががっかりしている」という内容を表しているので、disappointed を用いる。(答 ③)

🔳 電話で話している時、私は彼女の声から、彼女が職を得られずにとてもがっかりしていることがわかった。

📑 数量を表す形容詞①

a lot of は「たくさんの〜」という意味を表す。数えられる名詞・数えられない名詞のどちらの前にも用いることができる。a couple of「2、3の」、several「いくつかの」、too many「あまりに多くの」はいずれも数えられる名詞の前で用いる。(答 ④)

🔳 母は私の新しいアパートのために家具をたくさん買ってくれた。

📑 数量を表す形容詞②

few は数えられる名詞の前で用いて「ほとんどない〜」という意味を表す。any は肯定文では〈any＋名詞の単数形〉で用いて「どんな〜も」という意味を表す。a little は数えられない名詞の前で用いて「少量の〜」という意味を表す。none は代名詞。(答 ④)

🔳 イベントを延期するという彼の案に賛成する者はほとんどいなかった。

まとめてCheck!	many / much、few / littleの用法
たくさんの〜	many [a lot of]＋数えられる名詞／much [a lot of]＋数えられない名詞
少しの〜	a few＋数えられる名詞／a little＋数えられない名詞
ほとんどない〜	few＋数えられる名詞／little＋数えられない名詞
かなり多くの〜	quite a few＋数えられる名詞／quite a little＋数えられない名詞

形容詞 ③

☑ 426 ☆

Quite a (　) people attended the party last night. (杏林大)

① many ② small ③ few ④ much

☑ 427 ☆

It is probably not a good idea to change the topic of our presentation now, as we do not have (　) time. (神奈川大)

① some ② many ③ few ④ much

☑ 428 ☆

Can I borrow (　) money for train fare home? (昭和大)

① many ② a little ③ lots ④ few

☑ 429 ☆

He earned a great (　) of money from his writings. (大阪経済大)

① deal ② rich ③ many ④ much

☑ 430 ☆

My radio is not (　) enough to receive distant stations. (獨協大)

① sensible ② sensitive ③ sensory ④ sensual

Words & Phrases

☑ 427 **presentation** (発表、プレゼンテーション)
☑ 428 **fare** ((乗り物の)料金)
☑ 430 **distant** ((距離が)遠い)

数量を表す形容詞③

quite a few は数えられる名詞の前で用いて「かなり多数の〜」という意味を表す。a few「少数の〜」との意味の違いに注意。（答 ③）

訳 昨夜はかなり大勢の人々がパーティーに出席した。

数量を表す形容詞④

much は数えられない名詞の前で用いて「たくさんの〜」という意味を表す。否定文では「あまり〜ない」という意味になる。some「いくらかの〜」は肯定文で用いる。many「たくさんの〜」、few「ほとんどない〜」は数えられる名詞の前で用いる。（答 ④）

訳 私たちのプレゼンテーションのテーマを今変えるというのは、たぶんよいアイデアではないだろう。あまり時間がないのだから。

数量を表す形容詞⑤

a little は数えられない名詞の前で用いて「少しの〜、少量の〜」という意味を表す。many「たくさんの〜」、few「ほとんどない〜」は数えられる名詞の前で用いる。（答 ②）

訳 家に帰る電車賃を少し貸してもらえませんか。

数量を表す形容詞⑥

a great [good] deal of は数えられない名詞の前で用いて「たくさんの〜、多量の〜」という意味を表す。数えられる名詞の前では a great [good] number of を用いる。（答 ①）

訳 彼は執筆で多額のお金を稼いだ。

形と意味の区別がまぎらわしい形容詞①

sensible は「分別のある」、**sensitive** は「感じやすい、感度がよい」、**sensory** は「感覚の」、**sensual** は「官能的な」という意味を表す。ここではラジオの受信感度について述べているので sensitive を用いる。（答 ②）

訳 私のラジオは遠く離れたラジオ局の放送を受信できるほど感度がよくない。

まとめてCheck!　数量を表すその他の形容詞	
enough＋数えられる名詞の複数形／数えられない名詞	（十分な〜）
plenty of＋数えられる名詞の複数形／数えられない名詞	（たくさんの〜、十分な〜）
some＋数えられる名詞の複数形／数えられない名詞	（いくらかの〜）
a large [small] amount of＋数えられない名詞	（多量[少量]の〜）

181

形容詞 ④

☑ 431
Scientists who win the Nobel Prize must be (   ).　　　（大阪医科大）
① imaginable　　② imaginary　　③ imaginative　　④ imagined

☑ 432
The employment rate of the (   ) group was higher than that of the former.　　　（東北福祉大）
① late　　　　　② later　　　　　③ last　　　　　④ latter

☑ 433
The economic slump has led to (   ) failures of banks in the country.　　　（成城大）
① successive　　② successful　　③ successes　　④ succeeded

☑ 434
They finally succeeded in catching a rare insect (   ) in the forest.　　　（國學院大）
① alive　　　　② live　　　　　③ lively　　　　④ lived

☑ 435
This fridge and that one over there may look (   ), but they are quite different in both quality and price.　　　（関西医科大）
① alike　　　　② like　　　　　③ liked　　　　④ liking

Words & Phrases

☑ 432　**employment**（雇用）
☑ 433　**economic slump**（経済不振、不況）
☑ 435　**fridge**（冷蔵庫）

📑 形と意味の区別がまぎらわしい形容詞②

imaginable は「想像できる、考えられるかぎりの」、imaginary は「想像上の、架空の」、imaginative は「想像力に富む」、imagined は「想像された」という意味を表す。ここでは科学者の才能について述べているので imaginative を用いる。（答 ③）

訳 ノーベル賞を受賞する科学者は想像力に富んでいるにちがいない。

📑 形と意味の区別がまぎらわしい形容詞③

late は「遅い」、later は「もっと後の」、last は「最後の」、latter は「後者の」という意味を表す。ここでは the former「前者」と対比して用いられているので latter を用いる。（答 ④）

訳 後者のグループの就職率は前者のそれより高かった。

📑 形と意味の区別がまぎらわしい形容詞④

successive は「連続した」、successful は「成功した」、successes は「成功者たち」、succeeded は「受け継がれた」という意味を表す。ここでは倒産が続いたことを述べているので successive を用いる。（答 ①）

訳 不況がその国の銀行の相次ぐ倒産につながった。

📑 形と意味の区別がまぎらわしい形容詞⑤

alive は「生きている」という意味の形容詞。live「生きている」（発音は /láɪv/）、lively「活発な」はふつう名詞の前で用いる。（答 ①）

訳 彼らはついに、森で珍しい昆虫を生きたまま捕まえることに成功した。

📑 形と意味の区別がまぎらわしい形容詞⑥

alike は「似て」という意味の形容詞。look like ～は「～のように見える」という意味を表す。この like は前置詞なので、後に名詞が続く。liking は「好み」という意味の名詞。（答 ①）

訳 この冷蔵庫とあちらの冷蔵庫は同じように見えるかもしれないが、2つは品質も価格もまったく違う。

まとめてCheck!　形と意味の区別がまぎらわしいその他の形容詞
sleepy（眠い、眠そうな）／asleep（眠っている）
historic（歴史上有名な）／historical（歴史の）
industrial（産業の、工業の）／industrious（勤勉な）
respectable（まともな）／respectful（敬意を表す）／respective（それぞれの）

形容詞 ⑤

436 ( ) to help me with my homework tomorrow? (獨協大)
① Are you possible　　　② Is it able for you
③ Is it capable for you　④ Is it possible for you

437 Please drop in at my office whenever ( ). (千葉工業大)
① you are convenient　　② you will be convenient
③ it is convenient for you　④ it will be convenient for you

438 The singer's new album is worth ( ) to. (東洋大)
① of listening　② listen　③ listening　④ to listen

439 I woke to find myself ( ) in the house. (亜細亜大)
① alone　　② only　　③ sole　　④ mere

440 The population of that country is three times as ( ) as that of its neighbor.
(関西学院大)

① far　　② little　　③ many　　④ large

Words & Phrases

436 **help A with B** (Bのことで A(人)を手伝う)
437 **drop in at ～** ((人)を[(場所)に]立ち寄る)

👑 人を主語に用いない形容詞①

possible「可能な」は補語として用いる場合、人を主語にすることはできない。**it is possible (for A) to do** で「(A は)〜することができる」という意味を表す。capable は人を主語にして be capable of 〜「〜ができる」の形で用いる。（答 ④）

訳 あなたは明日、私の宿題を手伝うことができますか。

👑 人を主語に用いない形容詞②

convenient「便利な、都合のよい」は補語として用いる場合、人を主語にすることはできない。**it is convenient for A** で「A にとって都合がよい」という意味を表す。時を表す副詞節では未来のことでも現在形で表すことに注意。（答 ③）

訳 いつでもあなたの都合のいいときに私のオフィスに立ち寄ってください。

👑 worthの用法

be worth doing は「〜する価値がある」という意味を表す。この形では、文の主語が doing の目的語になっている。（答 ③）

訳 その歌手の新しいアルバムは聴く価値がある。

👑 補語としてのみ用いる形容詞

alone「ひとりで」は補語としてのみ用いる。ここでは 〈find + O + C〉「O が C であることに気づく」の C として用いられている。only「ただ 1 人の」、sole「ただ 1 人の」、mere「ほんの、単なる」はいずれも名詞の前で用いる。（答 ①）

訳 私は目を覚まして、自分が家の中にひとりきりだと気づいた。

👑 「多い／少ない」を表す形容詞

population（人口）、audience（観客）などが「多い／少ない」と言うときは **large / small** を用いる。many や much は用いることはできないことに注意。（答 ④）

訳 あの国の人口は隣国の 3 倍の多さだ。

まとめてCheck!	「高い／安い」を表す形容詞		
以下の単語について「高い／安い」と言うときはhigh / lowを用いる。			
price	（価格）	**fee**	（料金）
wage	（賃金）	**salary**	（給料）
income	（収入）	**cost**	（費用）

185

👑 RANK B の学習記録をつける

学んだことを定着させるには、「くりかえし復習すること」がたいせつです。RANK B の学習を一通り終えたら、下の学習記録シートに日付を書きこみ、履歴を残しましょう。

	1	2	3	4	5
仮定法 (216-245)	/	/	/	/	/

	1	2	3	4	5
準動詞 (246-315)	/	/	/	/	/

	1	2	3	4	5
前置詞 (316-340)	/	/	/	/	/

	1	2	3	4	5
比較 (341-365)	/	/	/	/	/

	1	2	3	4	5
代名詞 (366-390)	/	/	/	/	/

	1	2	3	4	5
助動詞 (391-415)	/	/	/	/	/

	1	2	3	4	5
形容詞 (416-440)	/	/	/	/	/

MEMO

RANK

ここで差がつく英文法・語法

RANK C に掲載されているのは、出題数は多くないものの、合格を確実にするためのカギとなる英文法・語法です。ここまでをマスターすれば、入試の英文法問題対策は万全といえるでしょう。読解問題などでもカギとなる項目なので、入試で高得点を狙うために、しっかりと確認しておきましょう。

倒置・省略・強調 ①

441

The manager won't accept such a stupid offer, and (　　).

（東北医科薬科大）

① either I will
② either will I
③ neither I will
④ neither will I

442

Bill doesn't want to live in a big city, (　　) does his wife.　（名城大）

① and
② so
③ or
④ nor

443

I am looking forward to visiting Ireland this summer, and (　　).

（亜細亜大）

① so is my brother
② so do my brother
③ so my brother is
④ so my brother does

444

It was fifteen years ago (　　) I participated in the study abroad program in Australia.　（東京工科大）

① until
② that
③ which
④ while

445

It was not until a week later (　　) Tom understood what his father said.　（国士舘大）

① which
② before
③ then
④ that

Words & Phrases

☑ 443　**look forward to ~ [*doing*]** (~[~すること]を楽しみにして待つ)
☑ 444　**participate in ~** (~に参加する)

慣用的な倒置表現①

〈neither ＋助動詞［be 動詞］＋ S〉は「S もまた〜ない」という意味を表す。直前の否定文に対して同意を表す表現。(答 ④)

訳 支配人はこのようなばかげた申し出を受け入れるつもりはないし、私もない。

慣用的な倒置表現②

〈nor ＋助動詞［be 動詞］＋ S〉は「S もまた〜ない」という意味を表す。直前の否定文に対して同意を表す表現。(答 ④)

訳 ビルは大都市に住みたいと思わないし、彼の妻もそう思わない。

慣用的な倒置表現③

〈so ＋助動詞［be 動詞］＋ S〉は「S もそうである」という意味を表す。直前の肯定文に対して同意を表す表現。(答 ①)

訳 私は今年の夏アイルランドを訪れるのを楽しみにしているし、弟も同様だ。

強調構文①

強調したい語句を It is と that の間に入れて示す形を強調構文という。強調する語句以外の部分は that の後に続ける。(答 ②)

訳 私がオーストラリアでの海外留学プログラムに参加したのは 15 年前のことだった。

強調構文②

It was not until ... that 〜は「…まで〜しなかった」→「…になって初めて〜した」という意味を表す。until ... が強調された強調構文。(答 ④)

訳 1 週間後になって初めてトムは父親の言ったことがわかった。

まとめてCheck! その他の強調表現
〈do [does / did]＋一般動詞の原形〉「本当に〜、確かに〜」
I do speak English. (私は英語なら間違いなく話します)
〈疑問詞＋on earth [in the world]〉「いったい（ぜんたい）」
What on earth are you talking about? (いったい何のことを言っているのですか)

189

倒置・省略・強調 ②

☑ 446

( ) that told you such a story? （立命館大）

① Who could　　　　　　　　② Who should be

③ Who was it　　　　　　　　④ Who would it

☑ 447

Little ( ) that I would one day become a teacher of English.

（清泉女子大）

① I imagine　　　　　　　　② I never imagined

③ did I imagine　　　　　　　④ I did imagine

☑ 448

Only when you look backwards ( ) realize how much change has happened in the last decade. （杏林大）

① do you　　② did you　　③ you don't　　④ you did

☑ 449

Not only ( ) good, too. （日本大）

① is the food good but is the service

② is the food good but the service is

③ the food is good but is the service

④ the food is good but the service is

☑ 450

I looked around in the restaurant while ( ) for the soup to be served. （自治医科大）

① wait　　② waited　　③ waiting　　④ to wait

Words & Phrases

☑ 448　**look backwards**（過去を振り返る）　**decade**（10年間）

☑ 450　**look around**（ぐるりと見回す）

👑 強調構文③

疑問文の疑問詞を強調する場合は〈疑問詞＋ is [was] it that 〜?〉という語順になる。that 以下は平叙文の語順になることに注意。（答 ③）

🈫 あなたにそんな話をしたのはいったいだれですか。

👑 否定を表す語句で始まる倒置①

否定を表す語句を文頭に置いて、否定の意味を強調することがある。その場合、**否定を表す語句の後は疑問文の語順になる**ことに注意。（答 ③）

🈫 自分がいつか英語の教師になろうとは、まったく思ってもみなかった。

👑 否定を表す語句で始まる倒置②

only は「ただ〜にすぎない」という否定に準ずる意味を表す。否定の意味を表すので、**only を強調するために文頭に置いた場合、その後は疑問文の語順になる**。ここでは when 節が現在形なので、主節の動詞も現在形にする。（答 ①）

🈫 後から振り返って初めて、過去 10 年間にどれほど多くの変化が生じたのかに気づく。

👑 否定を表す語句で始まる倒置③

not only A but (also) B「A だけでなく B も」の **not only A が強調のために文頭に置かれると、A は疑問文の語順になる**。（答 ②）

🈫 食べ物がおいしいだけでなく、サービスもいい。

👑 省略①

when、while、though、if などが導く副詞節では、**主語が主節と一致している場合には〈主語＋ be 動詞〉が省略される**ことがある。ここでは、while (I was) waiting for ... の I was が省略されている。（答 ③）

🈫 私はスープが出されるのを待っている間、レストランの中を見回した。

まとめてCheck!	倒置で使われる否定を表す語句		
never	（決して〜ない）	**little**	（まったく〜ない）
hardly	（ほとんど〜ない）	**scarcely**	（ほとんど〜ない）
seldom	（めったに〜ない）	**rarely**	（めったに〜ない）
at no time	（一度も〜ない）	**on no account**	（決して〜ない）

倒置・省略・強調 ③

☑ 451

There will be little, if (　　), trouble. （立教大）

① any　　　　② anymore　　　　③ some　　　　④ something

☑ 452

Jane is a very enthusiastic, (　　) not talented, member of the team. （京都女子大）

① as　　　　② even　　　　③ if　　　　④ so

☑ 453

Kate spends a lot of time reading but has never read (　　). （金城学院大）

① a such exciting story　　　　② such a story exciting

③ such an exciting story　　　　④ such exciting a story

☑ 454

This is (　　) chance for us to miss. （岩手医科大）

① too good　　　　② the too good

③ too good a　　　　④ too much the good

☑ 455

This is the (　　) bike I have long wanted. （川崎医療福祉大）

① just　　　　② quite　　　　③ such　　　　④ very

Words & Phrases

☑ 452　**enthusiastic** (熱狂的な)　**talented** (才能のある)

☑ 453　**spend A *doing*** (A(時)を〜して過ごす)

📖 省略②

if any は「たとえあるとしても、もしあれば」という意味を表す慣用表現。ここでは、if (there are) any (troubles) の there are と trouble が省略されている。（答 ①）

📘 トラブルは、たとえあるとしても、ほとんどないでしょう。

📖 省略③

if not ~ は「~でないとしても」という意味を表す慣用表現。ここでは、if (she is) not talented の she is が省略されている。（答 ③）

📘 ジェーンはチームで、才能豊かではないとしても、とても熱心なメンバーだ。

📖 注意すべき冠詞の位置①

〈a [an] ＋形容詞＋名詞〉を such で修飾する場合、**〈such a [an] ＋形容詞＋名詞〉**「そんなに［とても］…な~」という語順になる。（答 ③）

📘 ケイトは読書をして多くの時間を過ごすが、そんなにわくわくする物語は読んだことがない。

📖 注意すべき冠詞の位置②

〈a [an] ＋形容詞＋名詞〉の形容詞を too で修飾する場合、**〈too ＋形容詞＋ a [an] ＋名詞〉**「あまりにも…すぎる~」の語順になる。so、too、how もこの形をとる。（答 ③）

📘 これはあまりにもよいチャンスなので、私たちは逃すわけにいかない。

📖 さまざまな強調表現

〈the very ＋名詞〉 は「まさにその~」という意味を表す。the の代わりに this、that や代名詞の所有格を用いることもある。（答 ④）

📘 これはまさに私が長いこと欲しいと思っていた自転車だ。

まとめてCheck!	ifの後に省略を伴う慣用表現
if anything	（どちらかといえば／たとえあるとしても）
if necessary	（必要ならば）
if possible	（可能ならば、できれば）
if so	（もしそうならば）

疑問文 ①

☑ 456 ☐ She didn't know when ( ). (金城学院大)

① did her mother go out　　② does her mother go out
③ her mother goes out　　④ her mother went out

☑ 457 ☐ ( ) happened to the young man last night is still a mystery.

(日本大)

① Which　　② What　　③ That　　④ Who

☑ 458 ☐ He pointed out that most tax payers had no idea ( ). (昭和女子大)

① how was the tax money spent　　② how the tax money was spent
③ how the tax money spent　　④ how did the tax money spend

☑ 459 ☐ Jack was supposed to call me last night. I wonder why ( ).

(兵庫医療大)

① he did　　② he didn't　　③ he was　　④ he wasn't

☑ 460 ☐ Scientists can tell ( ) by measuring its color. (桜美林大・改)

① how hot a star is　　② how is a hot star
③ a star is how hot　　④ how a hot is star

Words & Phrases

☑ 458	**point out** (～を指摘する)
☑ 459	**be supposed to _do_** (～することになっている)
☑ 460	**tell** (～がわかる)　**measure** (～を測定する)

🎴 間接疑問①

疑問文を平叙文の語順にして、主語・補語・目的語として用いるものを**間接疑問**という。ここでは、when で始まる間接疑問が know の目的語になっている。主節が過去形なので、when 節内の動詞も過去形にする。（答 ④）

📝 彼女は母親がいつ外出したのか、わからなかった。

🎴 間接疑問②

ここでは**間接疑問が文の主語**になっている。「その若者に何が起こったか」という意味を表しているので、疑問詞には what を用いる。（答 ②）

📝 昨夜その若者に何が起こったのかは、いまだに謎だ。

🎴 間接疑問③

ここでは**間接疑問が前置詞の目的語**になっている。the idea of A「A についての理解」の A に疑問詞節が来る場合、of はふつう省略する。（答 ②）

📝 大半の納税者は税金がどのように使われているかまったく知らない、と彼は指摘した。

🎴 間接疑問④

〈I wonder ＋疑問詞節〉は「～だろうか」という意味を表す。wonder の目的語が間接疑問になっている。「なぜかけてくれなかったのだろうか」という意味を表しているので、why の後には否定形の he didn't（call me）を続ける。（答 ②）

📝 ジャックは昨夜、私に電話をくれることになっていた。なぜかけてくれなかったのだろうか。

🎴 間接疑問⑤

〈how ＋形容詞［副詞］＋ S ＋ V〉は「どのくらい～か」という意味を表す。ここでは tell の目的語になっている。（答 ①）

📝 科学者は恒星の色を測定することによって、その星がどれくらい熱いのかを判断できる。

まとめてCheck!　Yes / No疑問文の間接疑問

① Yes / No疑問文を間接疑問にするにはwhether / ifを用いる。
　I wonder whether [if] he is coming. (あの人は来るのかしら)
② if節は動詞の目的語としてのみ用いられる。
　Whether I can stay there is another matter. (そこに滞在できるかどうかは別問題だ)

ここで差がつく英文法・語法

疑問文 ②

461 ☑ 🖂

She knows that she is supposed to be in the conference room now, ( )? (東京農業大)

① doesn't she ② didn't she ③ isn't she ④ isn't it

462 ☑ 🖂

You and I didn't share the same opinion in the meeting, ( )? (中央大)

① did we ② did you ③ didn't we ④ didn't you

463 ☑ 🖂

It's already 1 p.m. Let's have lunch, ( )? (愛知学院大)

① do we ② don't we ③ shall we ④ won't we

464 ☑ 🖂

I hear you are planning to travel this summer. ( )? (九州ルーテル学院大)

① Do you know how much it will cost
② Do you know how much the cost will
③ How much do you know it will cost
④ How much do you know will it cost

465 ☑ 🖂

( ) the biggest challenge in high school education today? (立命館大)

① Do you think that ② Do you think what it is
③ What do you think is ④ What do you think it is

Words & Phrases

☑ **461** **conference room** (会議室)
☑ **465** **challenge** (課題)

付加疑問①

相手に同意を求めたり確認したりするときに、文の最後に〈be 動詞・助動詞＋主語〉を付けることがある。この形を**付加疑問**という。肯定文に付加疑問を付けるときは〈**be 動詞・助動詞の否定形＋主語**〉という形にする。（答 ①）

訳 彼女は今、会議室にいなくてはいけないとわかっていますよね。

付加疑問②

否定文に付加疑問を付けるときは〈**be 動詞・助動詞の肯定形＋主語**〉という形にする。主語は You and I「あなたと私」→ we と言いかえる。（答 ①）

訳 あなたと私は会議で同意見ではありませんでしたよね。

付加疑問③

Let's 〜に付加疑問を付けるときは **shall we** を用いる。返答は Yes, let's. / No, let's not. となる。（答 ③）

訳 もう午後 1 時だ。昼食にしませんか。

Do you know＋疑問詞 〜？／疑問詞＋do you think 〜？ ①

「〜を知っていますか」は「はい／いいえ」で答える疑問文なので、Yes / No 疑問文の〈**Do you know ＋疑問詞 〜**〉という形で表す。（答 ①）

訳 あなたはこの夏、旅行に出かける予定だそうですね。どれくらい費用がかかるか、わかっていますか。

Do you know＋疑問詞 〜？／疑問詞＋do you think 〜？ ②

「〜は何だと思いますか」は「何」にあたる具体的な情報を答える疑問文なので、疑問詞 what で始めて **What do you think 〜 ?** という形で表す。（答 ③）

訳 今日の高校教育の最大の課題は何だと思いますか。

まとめてCheck!　慣用的な疑問文 ① 　(→469-470)	
What is S like?	(Sはどのようなもの[人・様子]か)
What has [will] become of 〜?	(〜はどうなった[どうなる]のか)
How come SV?	(なぜSは〜するのか)

疑問文 ③

☑ 466

How many wars do you suppose (　　) in the history of the world?

(昭和大・改)

① there have been　　　　　　② are there

③ there is　　　　　　　　　　④ there has been

☑ 467

How (　　) does it take from here to the station?　　　(札幌大)

① wide　　　② large　　　③ long　　　④ tall

☑ 468

"How (　　) will the next train arrive?" "It will come in 30 minutes."

(摂南大)

① far　　　② long　　　③ soon　　　④ often

☑ 469

(　　) do you think of our project proposal?　　　(大阪経済大)

① What　　　② How　　　③ Which　　　④ Whether

☑ 470

(　　) go swimming at the beach tomorrow?　　　(神戸学院大)

① Why don't you　　　　　　② How about

③ How come　　　　　　　　④ What do you say

Words & Phrases

☑ 469 **proposal** (提案)

🏰 Do you know＋疑問詞 〜？／疑問詞＋do you think 〜？③

「〜にはどれだけの数があると思いますか」は具体的な数を答える疑問文なので、疑問詞で始めて〈**How many ＋名詞の複数形＋ do you suppose 〜?**〉という形で表す。ここでは過去から現在までのことを尋ねているので現在完了形にする。（答 ①）

訳 世界史上、どれだけの数の戦争があったと思いますか。

🏰 疑問詞の基本用法①

「どれくらい時間がかかりますか」と時間の長さを尋ねるときは **How long 〜?** を用いる。How long does it take 〜？で「どれくらい時間がかかりますか」という意味を表す。（答 ③）

訳 ここから駅までどれくらい時間がかかりますか。

🏰 疑問詞の基本用法②

「あとどのくらいで〜しますか」と尋ねるときは **How soon 〜?** を用いる。How far 〜？は「どれくらい遠くに、どれくらいの距離で」、How often 〜？は「どれくらいの頻度で、(一定期間に)何回」という意味。（答 ③）

訳 「あとどれくらいで次の列車は到着しますか」「あと 30 分で来ます」

🏰 慣用的な疑問文①

What do you think of [about] 〜? は「〜についてどう思いますか」という意味を表す。日本語の「どう」につられて ×How do you think ... としないよう注意。（答 ①）

訳 私たちの事業提案について、どう思いますか。

🏰 慣用的な疑問文②

Why don't you *do*? は「〜してはどうですか」という提案を表す慣用表現。（答 ①）

訳 明日は海岸に泳ぎに行ってはどうですか。

まとめてCheck!	慣用的な疑問文 ②
Why not *do*?	(〜してはどうですか)(＝**Why don't you *do*?**)
How about *doing*?	(〜してはどうですか)
What do you say to *doing*?	(〜するのはどうですか)

受動態 ①

☑ 471 ☑
The criminal's trial (　　) in the city courthouse.　　　　　（法政大）
① was holding　　② will hold　　③ was held　　④ will be holding

☑ 472 ☑
A large number of people with low income (　　) by the new tax system.　　　　　（日本大）
① affect　　　　② is affected　　③ will affect　　④ will be affected

☑ 473 ☑
These books (　　) from the library.　　　　　（札幌大）
① can't borrow　　　　　　　　② can't borrowed
③ can't be borrowing　　　　　④ can't be borrowed

☑ 474 ☑
What (　　) in Spanish?　　　　　（国士舘大）
① does this insect call　　　　② is called this insect
③ is this insect called　　　　④ this insect is called

☑ 475 ☑
Large areas of rain forest (　　) for many years.　　　　　（松山大）
① destroyed　　　　　　　　② are destroying
③ have been destroying　　　④ have been destroyed

Words & Phrases

☑ 471	**criminal** (犯人)　**trial** (裁判)　**courthouse** (裁判所)
☑ 472	**income** (収入)

受動態の基本①

「S は〜される」は**受動態〈S + be 動詞＋過去分詞〉**で表す。「〜によって」という動作主は〈by 〜〉で示すが、動作主が一般の人々の場合や、動作主がわからない場合には〈by 〜〉は示さない。（答 ③）

訳 犯人の裁判は市の裁判所で開かれた。

受動態の基本②

「〜されるだろう」という未来に何かをされることを表すときは**〈will be ＋過去分詞〉**を用いる。（答 ④）

訳 大勢の低所得の人々が新しい税制によって影響を受けるだろう。

受動態の基本③

受動態と助動詞をいっしょに使うときは**〈助動詞＋ be ＋過去分詞〉**という形になる。（答 ④）

訳 これらの本は図書館から借りられない。

受動態の基本④

「何が［だれが］〜されるか」と尋ねるときは**〈疑問詞＋ be 動詞＋ S ＋過去分詞 ?〉**という形を用いる。Yes / No で答える疑問文は**〈be 動詞＋ S ＋過去分詞 ?〉**という形を用いる。（答 ③）

訳 この昆虫はスペイン語では何と呼ばれていますか。

完了形の受動態・進行形の受動態①

受動態の文で完了形を用いるときは**〈have [has] been ＋過去分詞〉**という形にする。ここでは「長年にわたり破壊されてきた」という「継続」を表している。（答 ④）

訳 熱帯雨林の広範な地域が長年にわたって破壊されてきた。

まとめてCheck!	by以外の前置詞を用いるその他の受動態 （→477-478）
be killed in 〜	（（戦争・事故など）で死ぬ）
be made of / from 〜	（（原料／材料）で作られている）
be covered with 〜	（〜におおわれている）
be filled with 〜	（〜でいっぱいだ、〜に満ちている）

ここで差がつく英文法・語法

受動態 ②

☑ 476 ☐
They are building new shopping centers in the suburbs.
＝New shopping centers (　　) in the suburbs. （亜細亜大）
① build
② are built
③ are building
④ are being built

☑ 477 ☐
He is well known (　　) us as the leader of the volunteer group.
（関西学院大）
① to
② about
③ with
④ for

☑ 478 ☐
I was caught (　　) a thunderstorm on my way back home from the school festival yesterday. （学習院大）
① for
② in
③ on
④ with

☑ 479 ☐
On her way home, Yumiko was (　　) a stranger. （椙山女学園大）
① spoken to
② spoken by
③ spoken with
④ spoken to by

☑ 480 ☐
Every detail of your tour will (　　) by our professional staff.
（京都女子大）
① be taken care of
② be taking care of
③ have taken care of
④ take care of

Words & Phrases

☑ 476 **the suburbs** (郊外)
☑ 478 **thunderstorm** (激しい雷雨)
☑ 480 **detail** (細部)

完了形の受動態・進行形の受動態②

受動態の文で進行形を用いるときは〈**be 動詞＋ being ＋過去分詞**〉という形にする。ここでは「建設されているところである」という意味を表している。（答 ④）

訳 新しいショッピングセンターが郊外に建設されている。

by以外の前置詞を用いる受動態①

be known to ～は「～に知られている」という意味を表す。このように、〈be 動詞＋過去分詞〉の後に by 以外の前置詞を用いることがあるので注意。（答 ①）

訳 彼はボランティアグループのリーダーとして私たちによく知られている。

by以外の前置詞を用いる受動態②

be caught in ～は「（雨・交通渋滞など）にあう」「（ドアなど）にはさまれる」という意味を表す。
（答 ②）

訳 昨日、文化祭から帰宅する時に激しい雷雨にあった。

群動詞の受動態①

群動詞は 1 つの動詞として考えて受動態にする。speak to ～「～に話しかける」を受動態にするときは **be spoken to** となる。動作主を示す場合は to の後に〈by ～〉を続ける。（答 ④）

訳 帰宅途中、ユミコは見知らぬ人に話しかけられた。

群動詞の受動態②

take care of ～「～の世話をする」は群動詞。受動態にするときは **be taken care of** となる。
（答 ①）

訳 皆様のツアーは細部に至るまで私たちのプロのスタッフがお世話いたします。

まとめてCheck!	よく使われる群動詞の受動態		
be brought up	（育てられる）	**be carried out**	（実行される）
be dealt with	（対処される）	**be laughed at**	（笑われる）
be looked up to	（尊敬される）	**be made fun of**	（からかわれる）
be put off	（延期される）		

名詞 ①

---

481 His house is very big and has plenty of room, but he has (　　).

(獨協大)

① little furnitures
② little furniture
③ few furniture
④ few furnitures

---

482 They were unable to provide (　　).

(福岡大)

① many informations
② an information
③ much information
④ a lot of informations

---

483 I would really appreciate it if you could give me (　　).

(愛知淑徳大)

① an advice
② a few advice
③ some advice
④ some advices

---

484 My daughter is a first-year student in college, but she has (　　) homework than she did when she was a high school student.

(中央大)

① fewer
② less
③ less often
④ smaller

---

485 I turned off the TV before (　　) finished, it was too depressing to watch.

(慶應義塾大)

① news was
② news were
③ the news was
④ the news were

Words & Phrases

☑ **481** **plenty of 〜** (十分な〜、たくさんの〜)
☑ **483** **I would appreciate it if 〜** (〜していただけるとありがたいのですが)
☑ **485** **depressing** (憂うつな)

🎩 数えられない名詞の用法①

furniture「家具」は数えられない名詞なので、×furnitures という複数形にはならない
ことに注意。量の多少を示すときは much / little を用いる。数えるときは a piece [two pieces] of furniture「1 点 [2 点] の家具」などとする。(答 ②)

📝 彼の家はとても大きく、十分な空間があるが、彼は家具をほとんど持っていない。

🎩 数えられない名詞の用法②

information「情報」は数えられない名詞なので、×informations という複数形にはなら
ないことに注意。量の多少を示すときは much / little を用いる。数えるときは a piece of information「1 件の情報」などとする。(答 ③)

📝 彼らはあまり情報を提供できなかった。

🎩 数えられない名詞の用法③

advice「アドバイス、忠告」は数えられない名詞なので、×advices という複数形にはなら
ないことに注意。some は数えられる名詞と数えられない名詞の両方を修飾できる。(答 ③)

📝 アドバイスをいただけるとありがたいのですが。

🎩 数えられない名詞の用法④

homework「宿題」は数えられない名詞。less は little の比較級で、数えられない名詞を
修飾して「(量・程度が) より少ない」という意味を表す。(答 ②)

📝 私の娘は大学 1 年生だが、高校生だった頃より宿題が少ない。

🎩 数えられない名詞の用法⑤

news「知らせ、ニュース (番組)」は数えられない名詞。〜s の形だが複数形ではないこと
に注意。数えるときは a piece [an item] of news などとする。「ニュース番組」という意味
では the が付く。(答 ③)

📝 私はニュースが終わる前にテレビを消した。ニュースがあまりに憂うつで見ることができ
なかったのだ。

まとめてCheck!	〈a piece [two pieces] of 〜〉の形をとる数えられない名詞		
baggage / luggage	(荷物)	equipment	(装置)
evidence	(証拠)	housework	(家事)
knowledge	(知識)	machinery	(機械類)
poetry	(詩)	scenery	(景色)

名詞 ②

☑ 486

Let's walk and save the bus (　　). （群馬大）

① fee　　　　　② bill　　　　　③ fare　　　　　④ ticket

☑ 487

There was a train accident yesterday, but every (　　) escaped injury. （大阪医科大）

① audience　　　② customer　　　③ guest　　　④ passenger

☑ 488

Douglas has been on good (　　) with Fred for more than two decades. （西南学院大）

① condition　　　　　　　② connections
③ timing　　　　　　　　④ terms

☑ 489

I've finished (　　) of the report I have to submit to Professor Roberts tomorrow. （京都女子大）

① second-three　　　　　② second-threes
③ two-third　　　　　　④ two-thirds

☑ 490

In the train which I took this morning, a little boy made (　　) for an old lady. （杏林大）

① room　　　　　② seat　　　　　③ spot　　　　　④ vacancy

Words & Phrases

☑ 487　**escape**（～を免れる）
☑ 488　**decade**（10年間）
☑ 489　**submit A to B**（A（書類など）をBに提出する）

意味のまぎらわしい名詞①

「料金」を表す語の使い分けに注意。**fare** は「(乗り物の) 料金、運賃」、**fee** は「(入場料・会費・授業料などの) 料金、(医師・弁護士などに支払う) 謝礼、報酬」、**bill** は「(レストランなどの) 勘定 (書)、請求書」という意味を表す。(答 ③)

訳 歩いてバス代を節約しよう。

意味のまぎらわしい名詞②

「客」を表す語の使い分けに注意。**passenger** は「(乗り物の) 乗客」、**audience** は「(映画・コンサートなどの) 観客」、**customer** は「(商店などの) 客」、**guest**「(招待された) 客、(ホテルなどの) 宿泊客」という意味を表す。(答 ④)

訳 昨日、列車事故があったが、乗客は全員けがを免れた。

複数形で用いられる注意すべき名詞

term は単数形では「専門用語、(学校の) 学期」という意味だが、複数形では「関係、間柄」という意味を表すことがある。**be on good terms with ～**は「～と良好な関係だ、仲がよい」という意味の慣用表現。(答 ④)

訳 ダグラスはフレッドと 20 年以上にわたって仲がいい。

分数の表し方

分数は〈分子 (基数) ＋分母 (序数)〉の形で表す。分子と分母の間にハイフンが入ることもある。分子が 2 以上のときは、分母を複数形にする。(→ P.151　まとめて Check!) (答 ④)

訳 私は明日ロバート教授に提出しなくてはいけないレポートの 3 分の 2 を終えた。

意外な意味を持つ名詞

room には「部屋」という意味のほかに「場所、空間」という意味もある。この意味では数えられない名詞になることに注意。**make room for ～**は「～のために場所を空ける」という意味の慣用表現。(答 ①)

訳 私が今朝乗った電車で、幼い男の子が高齢の女性のために場所を空けた。

まとめてCheck!　複数形で用いられる注意すべき名詞	
arm(腕) → arms (武器)	custom (習慣) → customs (税関)
day (日) → days (時代)	glass (ガラス、コップ) → glasses (めがね)
good (利益、善(行)) → goods (商品)	manner (方法) → manners (マナー、行儀)

副詞 ①

---

491 I was so moved by the warmth and love of my classmates that I could ( ) speak. (京都女子大)

① formally ② hardly ③ rarely ④ seldom

---

492 The meetings are ( ) longer than an hour. (大阪経済大)

① seldom ② hard ③ slight ④ few

---

493 It is already five in the evening, and you have yet to paint the wall. It will be ( ) impossible to finish the work today. (玉川大)

① never ② almost ③ most ④ none the less

---

494 This is the greatest loss in our company history. ( ), we must cut down on our expenditures next year. (玉川大)

① Nevertheless ② However

③ Therefore ④ Fortunately

---

495 The most convenient way of traveling long distances in Japan is by bullet train. ( ) there are a number of alternatives including the increasingly popular choice of flying. (宮崎大)

① Consequently, ② However,

③ Particularly, ④ Therefore,

Words & Phrases

491	**move** ((人)を感動させる)	
493	**have yet to do** (まだ〜していない)	
494	**cut down on 〜** (〜を減らす、削る)　**expenditure** (経費)	
495	**bullet train** (新幹線)　**alternative** (代わりの手段)	

🏷 程度を表す副詞①

hardly は「ほとんど〜ない」という程度を表す副詞。scarcely も同じ意味を表す。程度を表す副詞は、一般動詞を修飾する場合は一般動詞の前に、助動詞を修飾するときは助動詞の後に置く。（答 ②）

📖 私はクラスメイトの温かい気持ちと愛情にとても感動したので、ほとんど言葉が出なかった。

🏷 程度を表す副詞②

seldom は「めったに〜ない」という程度を表す副詞。rarely も同じ意味を表す。程度を表す副詞は、be 動詞を修飾するときは be 動詞の後に置く。（答 ①）

📖 会議はめったに 1 時間以上にならない。

🏷 程度を表す副詞③

almost は「ほとんど」という程度を表す副詞。程度を表す副詞は、修飾する語の直前に置く。ここでは、形容詞 impossible の直前に置かれている。（答 ②）

📖 もう夕方の 5 時だけど、あなたはまだ壁を塗っていない。今日この仕事を終えるのはほとんど不可能だろう。

🏷 論理関係を示す副詞①

therefore は「その結果、それゆえに」という結果を表す副詞。文と文の論理関係を示す働きをする。nevertheless「それにもかかわらず」、however「しかしながら」も文と文の論理関係を示す副詞。（答 ③）

📖 これはわが社の歴史上最大の損失です。したがいまして、我々は来年の経費を削減しなくてはなりません。

🏷 論理関係を示す副詞②

however は「しかしながら」という逆接・対比を表す副詞。文と文の論理関係を示す働きをする。consequently「その結果」、therefore「それゆえに」も文と文の論理関係を示す副詞。（答 ②）

📖 日本で長距離の旅をするのに最も便利な手段は新幹線だ。しかし、人気上昇中の飛行機という選択肢も含めて、ほかの手段もいくつかある。

まとめてCheck!	主な論理関係を示す副詞（句）		
as a result	（結果として）	**accordingly**	（したがって）
on the contrary	（それどころか）	**in other words**	（言いかえれば）
furthermore	（さらに）	**moreover**	（さらに）
besides	（そのうえ）	**in addition**	（加えて）

副詞 ②

☑ 496
( ) I thought she was unfriendly, but she is actually very kind to me.

(駒澤大)

① First for all　② First hand　③ First or last　④ At first

☑ 497
The robot vacuum cleaner is expensive, but it is an ( ) excellent machine.

(青山学院大)

① also　② else　③ instead　④ otherwise

☑ 498
We've only walked just 30 minutes but I'm ( ) tired!　(北里大)

① yet　② before　③ even　④ already

☑ 499
The report is not done ( ) but it should be completed by the end of this month.

(宮城学院女子大)

① already　② ever　③ still　④ yet

☑ 500
I felt bad in the train. I ( ) fainted.　(東京工科大)

① mostly　② nearly　③ hardly　④ closely

Words & Phrases

☑ 497　**vacuum cleaner** (掃除機)
☑ 499　**complete** (〜を完成する)
☑ 500　**faint** (失神する)

🔖 意味・用法に注意すべき副詞①

at first は「最初は」という意味を表す。「その後状況が変わった」という含みがある。first of all は「（一連のことがらのうちで）まず第一に」、first hand は「じかに、直接」、first or last は「遅かれ早かれ」という意味。（答 ④）

📖 最初は彼女のことをよそよそしいと思ったが、実は私にとても親切である。

🔖 意味・用法に注意すべき副詞②

otherwise は「それ以外の点では」という意味を表す。otherwise には「そうでなければ」という文と文の論理関係を示す意味もある。（答 ④）

📖 そのロボット掃除機は高価だが、それ以外の点では優れた機械だ。

🔖 already / yet / stillの用法①

already は「すでに、もう」という意味を表す。完了形の文で用いることが多いが、現在形や過去形の文で用いることもある。（答 ④）

📖 私たちは 30 分しか歩いていないのに、私はもう疲れた！

🔖 already / yet / stillの用法②

yet は否定文で用いると「まだ（～ない）」という意味を、疑問文で用いると「もう（～しましたか）」という意味を表す。still も「まだ～」の意味を表すが、否定文で用いるときは否定語の前に置く。（答 ④）

📖 レポートはまだ書き終わっていないが、今月末までに仕上げられるべきものだ。

🔖 -lyが付くと意味が変わる副詞

nearly は「もう少しで～するところで」という意味を表す。near「近くに」との意味の違いに注意。almost も同じような意味を表す。（答 ②）

📖 私は列車の中で気分が悪くなった。もう少しで気を失うところだった。

まとめてCheck! -lyが付くと意味が変わるその他の副詞
hard(一生懸命に) / **hardly**(ほとんど～ない)
high(高く) / **highly**(非常に、高度に)
late(遅く) / **lately**(最近)
most(最も) / **mostly**(たいてい)

RANK C の学習記録をつける

学んだことを定着させるには、「くりかえし復習すること」がたいせつです。RANK C の学習を一通り終えたら、下の学習記録シートに日付を書きこみ、履歴を残しましょう。

	1	2	3	4	5
倒置・省略・強調 (441-455)	/	/	/	/	/

	1	2	3	4	5
疑問文 (456-470)	/	/	/	/	/

	1	2	3	4	5
受動態 (471-480)	/	/	/	/	/

	1	2	3	4	5
名詞 (481-490)	/	/	/	/	/

	1	2	3	4	5
副詞 (491-500)	/	/	/	/	/

MEMO

※この本に出てくる出題ポイントをランクごと・文法ごとにまとめてあります。
※数字は解説の掲載ページを表します。

ランク順 聴いて覚える英文法
PRODUCTION STAFF

ブックデザイン
高橋明香（おかっぱ製作所）

イラストレーション（オビ、p.2、p.4）
加納徳博

キャラクター（ひよこ）イラスト
関谷由香理

企画・編集協力
日本アイアール（株）

音声収録
**一般財団法人　英語教育協議会
（ELEC）**

ナレーション
Howard Colefield、水月優希

組版
（株）四国写研

印刷
（株）リーブルテック

本書は 2019 年に弊社より刊行した『大学入試ランク順　入試英文法 500』に一部修正を加え、
音声を追加してリニューアルしたものです。